HANS J. MAYLAND

DISKUS

KOSMOS

Eine Herausforderung?

Diskusfische zu pflegen und vor allem zu vermehren, galt noch vor wenigen Jahren als „die hohe Schule der Aquaristik". Als hohe Schule kann man die Pflege dieser schönen Fische auch heute noch ansehen, nur haben sich nicht allein unsere Kenntnisse inzwischen weit verbessert, sondern die Industrie hilft uns heute auch, aus früher für die Diskuszucht aussichtslos erscheinendem Leitungswasser ein brauchbares Diskuswasser zu machen.
Die Hinweise in diesem Buch sollen dazu beitragen, das Thema „Diskusfische für zuhause" von allen Seiten zu beleuchten und den Diskusfreund, vor allem aber den kommenden Diskusfisch-Pfleger auf alle möglichen Umstände vorzubereiten. Deshalb mein Rat: Erst informieren, dann handeln!

Südamerikanische Tropen - die Heimat der Diskusfische.

Entdeckung und erste Beschreibung

Johann Natterer

Wieso forschte ein Österreicher in Südamerika? Johann Natterer hatte von seinem Vater die Liebe zur Natur geerbt. Kaiser Franz war es, der den Vater zum Aufseher der neuen Sammlungen im 1793 gegründeten Wiener Hofkabinett machte. So kamen die beiden Söhne Joseph und Johann mit den unterschiedlichen Arbeiten des Vaters in Berührung.
Im Verlauf der Zeit war Johann die trockene, wissenschaftlich geprägte Arbeit nicht genug, und er machte sich daran, Sammelreisen in die nähere und weitere Umgebung zu unternehmen. Die Reisen dehnten sich in südlichere Regionen aus. Präzise Angaben waren unumgänglich, und nach jeder Reise erweiterte Johann Natterer sein theoretisches Fachwissen. Dazu gehörten auch Kurse in Zeichnen wie in Fremdsprachen. So war er schließlich nicht nur in der Lage, einfache Tierzeichnungen anzufertigen, sondern brachte es zu der Meisterschaft, auch unwichtig erscheinende Dinge detailgenau abzubilden. Als Kaiser Franz schließlich 1817, anlässlich der Vermählung seiner Tochter Leopoldine mit dem Kronprinzen von Brasilien, Dom Pedro, eine große Brasilien-Expedition ausrüstete, bekam Johann den Autrag, als Fachexperte das Gesamtgebiet der Zoologie zu übernehmen. Er ahnte zu diesem Zeitpunkt noch nicht, wie lange ihn diese Reise in Brasilien halten würde. Erst 1836 kehrte er mit den Resten seiner Sammlung nach Wien zurück.

Klares Schwarzwasser in einem Bach am mittleren Río Negro.

Johann Jacob Heckel

Heckel, heute als weltbekannter Ichthyologe angesehen, arbeitete in jener Zeit bereits seit Jahren am Wiener Hof-Naturalienkabinett, und sein Weg führte ihn auch 1830 für einen längeren Zeitraum mit dem damals bereits wohlbekannten, in der Schweiz geborenen Zoologen Louis Agassiz zusammen. Heckel wurde 1835 zum 2. Aufseher, Konservator und Präparator ernannt. Zudem übertrug man ihm die Aufsicht über die ichthyologische Sammlung. So gelangte das ichthyologische Material aus Natterers Sammlung zu ihm. Vier Jahre benötigte Heckel, dieses Material zu ordnen, zu bearbeiten und daraus eine Publikation vorzubereiten, die im Jahre 1840 unter dem Titel „Johann Natterers neue Flussfische Brasiliens; nach den Beobachtungen und Mittheilungen des Entdeckers beschrieben“ in den Annalen des Wiener Museums der Naturgeschichte veröffentlicht wurde.

In dieser Arbeit befindet sich die erste Beschreibung der Gattung *Symphysodon* mit der Typusart *discus*, dessen Typusmaterial (nur ein Exemplar) Natterer am 2. November 1833 am unteren Río Negro gesammelt hatte. Heckel gab seine Beschreibung ohne Zeichnung ab. Erst der österreichische Ichthyologe Rudolf Kner lieferte dazu mit einer Arbeit (1863) die Zeichnung. Alle weiterhin gefangenen oder gesammelten Tiere wurden bis zum Jahre 1903 unter dem Namen *Symphysodon discus* Heckel, 1840 geführt. Gleichzeitig mit dieser Arbeit stellte Heckel eine Reihe weiterer Gattungen auf, die auch heute noch in der wissenschaftlichen wie aquaristischen Literatur Bestand haben, darunter *Crenicichla*, *Chaetobranchus*, *Geophagus*, *Heros*, *Pterophyllum* und *Uaru*.

Die andere Entdeckung – eine Variante?

Im Jahre 1903 erwähnte der französische Ichthyologe Jacques Pellegrin auch die Art *Symphysodon discus* und wies bei dieser Gelegenheit auf das gesammelte Material von Dr. Jobert hin, bei dem es sich um drei Exemplare aus Manáus (Río Negro), zwei von Tefé (am Lago und Río Tefé) und eines von Santarém (an der Mündung des Río Tapajós in den Amazonas) handelte. Pellegrin wies darauf hin, dass es sich dabei um zwei unterschiedliche Typen handele, von denen die Río-Negro-Fische eine kräftige Querbinde über der Flankenmitte aufwiesen, dazu eine

Symphysodon aequifasciatus - **ein brauner Wildfang der Form Alenquer.**

Ein Paar Blaukopf-Heckel - Das vordere Tier zeigt die volle Färbung (noch) nicht.

große Zahl von parallel verlaufenden Längslinien. Die Tiere aus den übrigen Fanggebieten um die Orte Tefé und Santarém, die neun weniger kräftige und untereinander gleichmäßige Querbinden aufweisen und nicht über die parallelen Längslinien auf den Flanken verfügen, sah er zunächst als eine Variante an und nannte sie sinngemäß *Symphysodon discus* var. *aequifasciata*.
Inzwischen hat man der damaligen Unterart längst den Status einer selbständigen Art – *S. aequifasciatus*, mit korrekter lateinischer Endung – zuerkannt.

Stellung im System

Diskusfische gehören der Familie der Buntbarsche oder Cichliden an und werden mit den beiden genannten Arten *S. discus* und *S. aequifasciatus* in der Familie Cichlidae geführt. Sie zählt zu den Knochenfischen (Klasse Osteichthyes), und gehört innerhalb dieser der Überordnung Acanthopterygii (Stachelflosser) an. Man kann sie als die wohl artenreichste Familie der Ordnung Perciformes (Barschartige) und der Unterordnung Percoidei (Barschverwandte) bezeichnen. Ihr Körper ist scheibenförmig, seitlich sehr stark abgeflacht und dadurch diskusähnlich (Name). Kopf und Maul sind im Vergleich zum Körper sehr klein. Beide Arten sind untereinander kreuzbar, so dass sich einige Wissenschaftler und Aquarianer fragen, ob es sich nicht um nur eine Art handle. Kullander (1996) stellt fest: „Die einzigen bekannten Merkmale, um *S. discus* sicher von *S. aequifasciatus* zu unterscheiden, bietet das Zeichnungsmuster. *Symphysodon discus* weist durchschnittlich weniger Schuppen in einer Längsreihe (48 bis 62, meist 53 bis 57, gegenüber 53 bis 60, meist 55 bis 59), weniger Rückenflossenstrahlen (D meist IX.30 anstatt IX.31 oder X.30) und einen Abdominalwirbel weniger auf als *S. aequifasciatus* (13 + 18 anstatt 13 + 19), doch sind keine arttrennenden morphometrischen oder meristischen Unterschiede bekannt."

Die Heimat der Diskusfische

Symphysodon discus

Bleiben wir einmal dabei, dass es zwei Diskusfisch-Arten in der Gattung *Symphysodon* gibt. *S. discus* lebt überwiegend im Einzug des Río Negro, wo seine westliche Verbreitung flussaufwärts bis etwa zum linksseitigen Río Padauari (64 ° Länge) belegt ist. Die östliche Verbreitung reicht bis zum Río Trombetas, der oberhalb der Ortschaft Óbidos in den Amazonas mündet. Über die südliche Ausbreitung rechtsseitig des Amazonaseinzuges liegen keine konkreten Angaben vor. Hier sind gesicherte Angaben nur aufgrund von Funden des *S. discus* im Río Abacaxís bekannt.

Symphysodon aequifasciatus

Nicht ganz so schwer ist es, sich auf die Verbreitung von *S. aequifasciatus* festzulegen, wenngleich auch dabei noch einige Fragen offen bleiben. So zum Beispiel die nach der Begegnung beider Arten nördlich des Amazonas. Da gibt es zum Beispiel im Río Preto da Eva östlich der Stadt Manáus Tiere der Art *S. discus*, wogegen beispielsweise aus dem etwas weiter östlich vorbeifließenden Río Urubú (bei der Stadt Itacoatiara) braune Tiere der Art *S. aequifasciatus* vorkommen sollen, wie man sie in der Typuskollektion von *S. a. axelrodi* findet. Dasselbe Vorkommen von S. aequifasciatus gilt auch für den Río und Lago Nhamundá mit Tieren, die zum Teil kräftige rote Töne zeigen. Diese Gewässer liegen noch weiter östlich und nähern sich damit dem Lauf des Río Trombetas, in dem es wieder Tiere der Art *S. discus* gibt.

Grundsätzlich kann man sagen, dass die Verbreitung des *S. aequifasciatus* von der Mündung des Río Amazonas flussaufwärts bis zur brasilianischen Grenze reicht – natürlich leben die Diskusse nicht im Fluss selbst, sondern entlang der Mündungen der Nebenflüsse wie auch in Seen und Teichen, die Wasser unterschiedlicher Qualität führen, und in welche die Diskusfische entsprechend der Ökologie dieser Flüsse unterschiedlich tief vorgedrungen sind. Ein Fluss, der Río Putumayo (in Brasilien heißt er nach seinem Grenzübertritt Río Içá), der über eine weite

INFO

Ethymologie - Bedeutung der Namen

- **SYMPHYSODON** ist ein Substantiv mit männlichem Geschlecht. Abgeleitet zum einen von Symphyse – „zusammenwachsen" – es bezeichnet das verbindende Band zwischen den beiden Ästen des Unterkiefers. Zum anderen von odon, also „Zahn". Dies sollte ein Bezug auf die wenigen Zähnchen sein, die sich in der Zone befinden, an der sich die beiden Kieferhälften verbinden.
- Der Name **DISCUS** ist ein griechisches Substantiv, bedeutet „Scheibe" und beschreibt die Körperform der Fische.
- Der Name **AEQUIFASCIATUS** ist ein lateinisches Adjektiv, abgeleitet von aequus - „gleich" – und fasciatus – von fascia „Band". Es hat also die Bedeutung „gleichmäßig gebändert".

Ein Schwarzwasserfluss und Diskusbiotop an der peruanischen Grenze nahe des brasilianischen Benjamin Constant.

Strecke die Grenze zwischen Peru und Kolumbien bildet, ist ebenfalls ein Diskusgewässer, wenngleich er im größten Teil seines Laufes außerhalb der brasilianischen Staatsgrenzen seinen Weg nimmt.

EINE DISKUSFISCH-ENKLAVE hat sich in den Gewässern um den Río Nanay nahe der Großstadt Iquitos in Peru am Oberlauf des Amazonas gebildet. Hier sollen vor Jahren die Hälterungsnetze durch ein Unwetter zerrissen worden und die aus Brasilien eingeführten Diskusfische freigekommen sein. Möglicherweise ist dies aber auch nur eine kommerziell geschönte Story, um eigene Lebensräume nachzuweisen und damit Exporte dieser Fische direkt in die USA zu ermöglichen. Neben diesen Nachkommen werden heute auch Diskusfische aus dem kolumbianischen Grenzgebiet (Río Putumayo) in alle Welt (dann aber meist über Lima) ausgeführt.

Verbreitung der Farbgruppen

BRAUNER FARBTYP Die aquaristisch in drei oder vier Farbgruppen aufgeteilten Diskus sind folgender Herkunft: Der braune Farbtyp stammt vom unteren Amazonas, von der

Ein braunes Tier mit kräftiger Rotfärbung, wie es aus unterschiedlichen Regionen als „Alenquer" gehandelt wird.

Symphysodon discus – **ein Jungtier der hochflossigen gelben Form aus dem Río Curuím.**

Mündung bis etwa zur Einmündung des Río Madeira. Die Färbung ist aber schon auf dieser Strecke nicht einheitlich, sondern verbessert sich ständig. So traf ich zum Beispiel im Lago Paracarí (nahe Alenquer) auf Exemplare, die viel Ähnlichkeit mit der Form „Royal Blue" hatten, wie wir sie normalerweise aus dem Río Purús oder den Seen am unteren Río Manacapurú kennen. Auch die Tiere mit mehr Rotanteilen, derzeit immer wieder als „Typ Alenquer" gehandelt, stammen nicht allein aus der engeren Umgebung dieser kleinen Stadt, sondern kommen heute als Auslese aus verschiedenen Fanggebieten am unteren Amazonas.

BLAUER DISKUS Die sogenannten Blauen Diskusse werden immer noch aus den Gewässern im Einzug des Río Purús und des Río Manacapurú – also oberhalb der Einmündung des Río Negro – gesammelt. Dabei sind die Unterläufe der beiden Flüsse wegen der Nähe der Exportstadt Manáus schon ziemlich ausgebeutet, so dass viele Fänge aus dem Einzug des Río Purús heute schon aus der Umgebung der Städte Tapauá und Lábrea (rund 840 bzw. 1.540 km von Manáus entfernt!) herangebracht werden müssen. Ähnliches gilt auch für den bedeutend kürzeren Río Manacapurú, nur sind die Entfernungen hier nicht so weit.

„ZONE GRÜN" Oberhalb der Einmündung der letztgenannten Flüsse beginnt „Zone Grün". Bereits beim linksseitig des Amazonas gelegenen Lago Anamã und mehr noch beim Zufluss des rechtsseitig mündenden Río Coari beginnt die seegrüne und zum Teil rot getüpfelte Färbung der Diskusfische. Sie setzt sich bei den Diskus-Bewohnern der Solimões-Gewässer am Lago und Río Tefé wie auch am Río Japurá bis zu jenen nahe der Grenze zu Kolumbien und Peru fort und reicht darüber hinaus in den Río Içá bzw. Río Putumayo hinein. Zur Erklärung: Die Brasilianer nennen den Río Amazonas von dem Eintritt auf brasilianisches Gebiet bis zur Einmündung des Río Negro „Río Solimões".

Symphisodon aequifasciatus – **Wildfang des sogenannten Blauen Diskus aus dem Río Purús.**

Gewässertypen

Die Fließgewässer Amazoniens unterscheiden sich in die Typen „Weißwasser", „Schwarzwasser" und „Klarwasser".

▸ **WEISSWASSER** (água branca) hat eine hellbeige bis lehmgelbe Färbung. Es ist trüb, nur selten reinweiß! Die Sichttiefe ist gering und schwankt zwischen 10 und 50 cm. Beispiele für lehmtrübe Färbung sind der Amazonas, der Río Madeira oder der Río Juruá; auffällig hell, aber ebenfalls trüb ist das Wasser des Río Branco (= „Weißer Fluss").

▸ **SCHWARZWASSER** (água preta) ist kaffeebraun oder auch braunoliv gefärbt, kann aber in Einzelfällen auch rötlichbraun sein. Trotz seiner dunklen Färbung ist das Wasser ziemlich transparent, so dass man mit Hilfe einer starken Lampe auch hindurchsehen kann. Die Sichttiefe liegt zwischen 130 und 230 cm. Beispiele sind der Río Negro (besonders oberhalb des Río-Branco-Zuflusses), der Río Tefé und der Río Içana.

▸ **KLARWASSER** (água clara) hat eine dunkelgrüne bis olivgrüne Färbung, die je nach Untergrund auch farbloser erscheinen kann. Die Sichttiefe schwankt zwischen 100 und 400 cm. Beispiele sind der Río Tapajós mit seinen Quellflüssen Río Juruena und Río Manoel wie der Río Xingú.

Zum Vergleich der verschiedenen Wassertypen sind in der Tabelle (S. 17) die Wasserwerte eines Schwarzwasser- (Rig Negro), eines Klarwasser- (Rio Tocantins) und eines Weißwasserflusses (Rio Branco) nebeneinander gestellt.

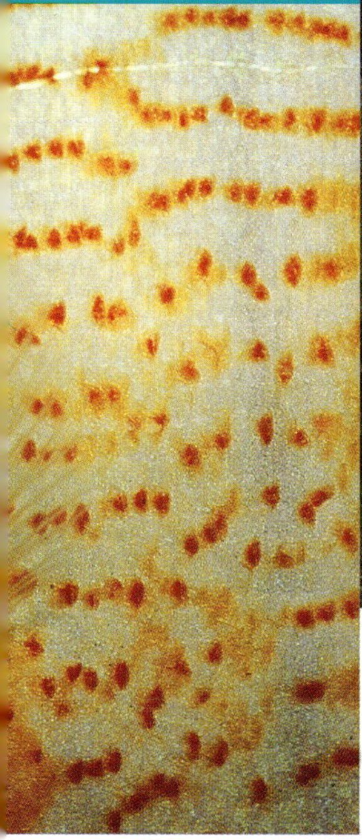

Halbadultes Wildfangpaar aus dem Río Coari.

Mischwasser

Das Wasser, in dem man Diskusfische antrifft, ist nur selten rein, sondern meist eine Mischung der verschiedenen Gewässertypen. Sie kommt durch die Anhebung der Wasserpegel während der Hochwasserzeit zustande, in der sich der Pegel in extremen Fällen und je nach Region 14 bis 16 Meter über die Normalmarke erheben kann. Dabei spielt nicht allein die reine Wasserhöhe eine entscheidende Rolle, sondern auch die sich ändernden Wasserwerte, wie zum Beispiel die Anteile von Sauerstoff und CO_2. In vielen Regionen kann das allgegenwärtige Weißwasser in bestimmten strömungsfreien Zonen zur Ruhe kommen und dann seine mitgeführten Sedimente ablagern. Dadurch verändert sich seine Sichttiefe, und das Wasser lässt nun mehr Sonneneinstrahlung durch. Sonne aber ist Leben, und so kann sich vielerlei Kleinleben entwickeln, das dann wiederum den Fischen als Nahrung dient. Dies ist einer der Gründe dafür, dass es beispielsweise in Überschwemmungsgebieten links und rechts neben so bekannten Weißwasserflüssen wie dem Río Japurá, dem Río Madeira (Abacaxís und Umgebung bis Maués-Açú) und dem Río Purús (Lábrea, Tapauá, Beruri) reiche Diskusfischgründe gibt – auch ohne größeren Zufluss von Schwarzwasser.
An anderen Stellen entwickeln sich für die Diskusfische gute Lebensbereiche, wo sich Weiß- und Schwarzwasser oder auch Weiß- und Klarwasser vermischen. In beiden Fällen wird das trübe, mineralhaltigere Weißwasser durch das wesentlich trübstofffreiere aufgehellt und ein ähnlicher, lebensfördernder Effekt kann eintreten. Andererseits darf man nicht vergessen, dass die Populationsdichte von Diskusfischen (diesmal vom sogenannten Heckel-Diskus) im Río Negro unterhalb

Diskusbiotop bei Niedrigwasser: Beim nächsten Hochwasser bildet die unterspülte Wurzel gute Versteckplätze für viele bodenbewohnende Fische.

des Zuflusses des Weißwasser führenden Río Branco dichter ist als im darüber liegenden Teil des schwarzen Flusses.

Biotop

Diskusfische leben vorzugsweise am Rande träge strömender Gewässer oder seeartiger strömungsarmer Ausbuchtungen, während das Wasser in der Flussmitte kräftiger fließt. Die Ufer müssen bis zu einer gewissen Tiefe

Zu Beginn der Trockenzeit bilden sich Restwassertümpel wie dieser. Diskusfische findet man darin aber nur selten.

Die meisten reisenden Aquarianer kennen solche Biotope nur zur Trockenzeit, wenn der Wasserstand besonders tief liegt und die Gewässer am engsten begrenzt sind. Dann sind auch die Lebensräume der Diskusfische zum großen Teil entsprechend beschnitten, weil ihre früheren Biotope nun trocken liegen.

(150 bis 250 cm) steil abfallen. Diese steilen Ufer müssen möglichst viele und enge Holzablagerungen enthalten, wobei besonders die Kronen ins Wasser gefallener Bäume aufgesucht werden. Hier kann es zu Schwarmbildungen von vielen hundert Tieren kommen, weil das Holz oder Geäst Schutz gegen die im freieren Wasser lauernden Räuber bietet.

Charakteristik des Lebensraumes

Hochwasser

Beginnt die Regenzeit (je nach Gewässerlage zwischen November und Januar), so steigt das Wasser an, überschwemmt weite Teile

des Regenwaldes, so dass jetzt auch räuberische Großfische wie Großwelse, Delfine usw. in diesen Wald einschwimmen und hier Beute machen können. Gleichzeitg beginnt mit der Regenzeit auch die allgemeine Fortpflanzung – nicht nur der Fische, sondern auch der meisten Nährtiere. Das heißt, es herrscht ein zeitweiliger Nahrungsüberfluss, weil sich auch für kleinste Fische und Wirbellose (z.B. Garnelen und andere Krebstiere) durch die starke Vermehrung von tierischem und pflanzlichem Plankton eine Nahrungskette aufbaut, von der jedes Lebewesen profitiert.

Niedrigwasser

Anders ist es mit der Nahrung während der Niedrigwasserzeit bestellt. Jetzt heißt es auch für viele Diskusfische und Verwandte sich zu beschränken. Und das vor allem deshalb, weil ihre Lebensräume in saurem, weichem Wasser liegen, dessen Keimzahl meist weit unter der anderer Gewässer liegt.
Bei Untersuchungen des Darminhaltes während Niedrigwassers wurde im Verdauungstrakt überwiegend Detritus gefunden. Die Nahrungspalette der Diskusfische ist also jahreszeitlich bedingt sehr unterschiedlich.

Begegnung des Weißwasser führenden Amazonas (links) mit dem Schwarzwasser des Río Negro. Die Flüsse fließen kilometerweit nebeneinander her, bis sie sich völlig lehmbraun vermischt haben.

Wasserwerte-Vergleich von Schwarz-, Weiß-, und Klarwasser

Wasserwert	Schwarzwasser	Klarwasser	Weißwasser	Einheit
ph-Wert	4,42	6,60	6,30	
elektr. Leitfähigkeit	15	40	23	µS/cm
Carbonathärte	0,1	1,0	0,7	°dH
Gesamthärte	0,003	0,8	0,4	°dH
Calcium	0,11	3,6	1,5	mg/l
Magnesium	0,056	1,2	0,70	mg/l
Gesamt-Eisen	0,16	1,28	0,12	mg/l
Mangan	< 0,02	0,17	< 0,02	mg/l
Ammonium	0,08	0,08	0,06	mg/l
Nitrit	< 0,02	0,09	< 0,02	mg/l
Nitrat	<1	2	< 1	mg/l
Chlorid	<3	4	< 3	mg/l
Sulfat	7	11	8	mg/l
Gesamt-Phosphat	0,06	0,11	0,06	mg/l
Hydrogencarbonat	1	21	16	mg/l

THEMA **DAS AQUARIUM**

Einige Überlegungen vor dem Start

Den bekannten Satz „Erst denken, dann handeln!“ könnte man im aquaristischen Sinn umformen in „Erst planen, dann zusammenstellen und erwerben!“ Da Aquaristik zu betreiben auch Freude machen soll, ist es aus meiner langjährigen Erfahrung sinnvoll, wenn man ganz von vorn anfängt, zunächst einmal ein Blatt Papier zur Hand nimmt und aufschreibt, was alles benötigt wird (◉ S. 34). Notieren Sie möglichst gleich auch den Anschaffungspreis, damit Sie am Ende keine unangenehme Überraschung erleben. Als Diskusfreund darf man nicht in zu engen Dimensionen denken und sollte nur Qualität anschaffen, aber die kann man eben nur selten als „Schnäppchen“ bekommen.

Wichtige Fragen

Will man nur ein schönes großes Wohnzimmer-Aquarium mit Wurzelwerk und einer reliefartigen Aquarienrückwand, wie es sie, mit einem wunderschönen Baumstumpf in der Mitte, unter der Typenbezeichnung „Amazonas“ zu kaufen gibt? In diesem Fall sollte man keines der Becken handelsüblicher Größe wählen, sondern sich eines mit größerer Breite (Tiefe) anfertigen lassen. Wie groß wird das Aquarium? Mit der Größe nimmt auch das Gewicht zu. Der Unterschrank muss dieses Gewicht nicht alleine tragen, sondern auch die Stärke der Zimmerdecke muss berücksichtigt werden. Welche Abdeckung soll es sein? Eine großflächige Abdeckleuchte hat ihren Preis. Wäre es günstiger, das Aquarium ohne Abdeckscheibe zu betreiben und die Pflanzen über den Wasserspiegel hinauswachsen zu lassen? Dann wird folglich die Wasserverdunstung größer, und man sollte nur mit destilliertem Wasser nachdosieren, denn es verdunstet ja auch nur das Destillat. Erfüllt man dazu die Voraussetzungen? Wie sieht es mit dem Licht aus? Nun kann eine völlig andere, von der Zimmerdecke herabhängende Beleuchtungsart Verwendung finden. Sie ist meist mit HQI-Lampen oder einer ähnlichen Lichtquelle bestückt (Leuchtkraft, Stromverbrauch und Preis gegenüber der Abdeckleuchte prüfen!).
Wie groß soll der Filter sein, und wo soll er platziert werden? Neben oder unter dem Aquarium? Wie stark muss die Leistung der Umwälzpumpe sein, wenn der Filter sich unterhalb des Beckens befindet?
Man sieht, es häufen sich viele Fragen an, deren Beantwortung man zunächst finden und die Preise addieren sollte. Selbstbau mit viel Eigeninitiative kann Vorteile haben, führt aber nur bei wirklichen Könnern mit handwerklichem Geschick zu dem gewünschten Ziel. Wer dieses Metier nicht beherrscht, der sollte sich einmal mit einigen aquaristischen Fachhändlern oder Vereinsfreunden unterhalten. Vereinsfreunde? Ja, es gibt in vielen Orten Deutschlands Aquarienvereine. Sie kennen keinen in Ihrer Nähe? Dann wenden Sie sich einfach einmal an den VDA (Verband Deutscher Vereine für Aquarien- und Terrarienkunde e.V. – ähnliche Verbände gibt es auch in Österreich und in der Schweiz), dessen Anschrift Sie am Ende dieses Buches finden.

Beckengröße und Gewicht

Einige Fragen, die das Becken betreffen, wurden bereits im vorausgegangenen Text angesprochen. Heute verwendet man ausschließlich Aquarien aus Kristallspiegelglas, deren

Scheiben mit Silikonkautschuk verklebt sind. Sie haben sich in den letzten Jahrzehnten nicht nur als die optisch schönsten, sondern auch als außerordentlich haltbar und vor allem tropfsicher herausgestellt.

Wo soll man das Aquarium aufstellen? Das kommt erstens auf die Größe und das Gewicht an; zweitens sollte kein Licht von vorn gegen die Aquarienscheibe fallen, weil diese sonst schnell veralgen kann. Aus beiden Gründen eignet sich ein Platz vor einer Wand in einer dunklen Seite des Zimmers am besten. Sollte es sich dagegen um eines oder mehrere reine Zuchtbecken handeln, so wird ihr Platz ohnehin wahrscheinlich an einer störungsfreien und daher abseits gelegenen Stelle oder in einem besonderen Raum sein.

ENTSCHEIDUNGSKRITERIEN Die Länge, Breite (Tiefe) und Höhe des Beckens hängt erstens von den Stellmöglichkeiten und zweitens von der Zahl seiner „Bewohner" ab. Dabei sollte man nie ein zu kleines Maß wählen und den Fischen einen möglichst großen Schwimmraum zur Verfügung stellen. Darüber hinaus bieten größere Aquarien auch bessere dekorative Möglichkeiten. Bei der Gewichtsberechnung kann man einfacherweise den Wert Liter = Kilo setzen, das ergibt bei einem größeren Diskusaquarium von angenommenen 200 x 80 x 70 (mit Polyurethan-Rückwand) ein Fassungsvermögen von 1.120 Litern und somit mehr als eine Tonne Gewicht. Allerdings könnte man in einem solchen Becken einen größeren Filter nebst Heizstäben und Pumpe hinter der unregelmäßig verlaufenden Rückwand platzieren. In diesem Fall muss an der einen Seite der eingeklebten Rückwand ein Loch für den Filterauslauf und an der längsseitig andere Seite ein Einlauf gebohrt werden (Einschwimmschutz für kleinere Fische nicht vergessen!), damit der Kreislauf gewährleistet ist.

Die Gestaltung eines Diskusbeckens will gut geplant sein

Fertige Beckenrückwand Typ „Amazonas“.

Quarantänebecken

Bei diesem Thema hören viele Aquarianer leider nur „mit halbem Ohr“ hin. Ein solches Aquarium wird oft genug als unnütz angesehen. „Es steht nur herum!“, heißt es dann. Wer sich aber zu seinem bereits eingerichteten und besetzten Diskus-Aquarium das eine oder andere neue Tier anschaffen möchte, der sollte es auf keinen Fall direkt zu seinen neuen Mitbewohnern setzen, sondern zunächst über wenige Wochen in einem etwa 100 cm langen und mit ein paar Wurzelholzstücken eingerichteten Quarantäneaquarium pflegen. Bitte vergleichen Sie, was über das Thema „Diskusseuche“ am Ende des Buches gesagt wird! Im Quarantänebecken kann man sich von der Gesundheit seines neuen Bewohners überzeugen. Denn nicht jede positive Antwort auf die Frage, ob die Neuerwerbungen „seuchenfrei“ oder auch nur kiemenwurmfrei sind, muss der Wahrheit entsprechen. Stellt sie sich als falsch heraus, können sich ohne vorherige Quarantäne alle übrigen Diskus – wie auch andere im Gesellschaftsaquarium gepflegten Fische – mit dieser Krankheit anstecken.

Zuchtbecken benötigen besonders leistungsfähige Filteranlagen (Asiatische Zuchtform Pidgeon Blood).

CHECKLISTE

Optimale Filterdaten für ein 600-Liter-Aquarium (120 x 40 x 50 cm

- Filtervolumen: ein Prozent, dies entspricht sechs Litern
- Filtervolumen für Intervallfilter: 7,5 Liter
- Pumpenleistung: 100 Liter pro Stunde
- Druck- bzw. Filterhöhe: zwei Meter
- Leistung: 25 Watt, bei Thermofiltern mit integrierter Heizung 210 Watt

Die richtige Technik

Mit der Einrichtung des Aquariums sollen verschiedene Wünsche und Bedürfnisse von Pfleger sowie Fischen befriedigt werden. Was uns an dieser Stelle interessiert, ist zunächst einmal der technische Aufwand. Die zu wählende Technik ist abhängig von der Aquarientauglichkeit des hauseigenen Leitungswassers und Ihrem Geldbeutel. Wer Diskusfische pflegen will, braucht weiches Wasser, eine gleichmäßig arbeitende Filterung mit einer nicht zu kräftig strömenden, aber hoch drückenden Pumpe, eine zuverlässige Aquarienheizung sowie, je nach persönlicher Ansicht und Beckeneinrichtung, eine mehr oder weniger aufwendige Beleuchtung.

Filter und Motorpumpen

Für Haltung und Zucht ist es unerheblich, ob man einen Innen- oder Außenfilter einsetzt und ob der Wasserdurchlauf mit Hilfe eines Motors oder eines Lufthebers betrieben wird. Nur hat gewöhnlich der erste eine bessere Leistung, wenn es zum Beispiel darum geht, das gefilterte Wasser über einen weiten, horizontal verlaufenden, einen steil und höher ansteigenden Weg oder an einer UV-Lampe vorbei zu leiten. Motorpumpen, die keine direkte Einheit mit dem Filter bilden, haben außerdem den Vorteil, dass man mit ihnen viele andere Wasserbewegungen wie etwa einen gleichmäßigen, über eine Uhr geschalteten Teilwasserwechsel (dann mit Beckenüberlauf) durchführen kann.
Die durch Fütterung und Ausscheidung entstehende organische Belastung sollte – ein geräumiges bis sehr geräumiges Becken vorausgesetzt – nicht allzu hoch sein. Andererseits trifft man aber auch Diskuspaare in Zuchtaquarien an, die mit 50 x 50 x 50 cm relativ eng sind. In diesem letzten Fall könnte das Wasser zu einem niedrigen Redoxpotential tendieren, das heißt, es ist eher belastet – wenn nicht das Filter- bzw. Wasseraustauschsystem für einen dauernden Austausch mit

Unterschätzen Sie nicht Kraft und Gewicht des Wassers. Jeder Liter bringt ein Kilogramm auf die Waage.

nitratarmem Wasser sorgt. Im Falle der Diskushaltung und -zucht kommt es darauf an, das Wasser in erster Linie nitratarm zu halten. Schon viele Diskus-Züchter haben sich darüber Gedanken gemacht und ihre Ideen auch in die Tat umgesetzt, die Zuchtanlagen mit einem fortlaufenden automatischen, langsam, aber beständig verlaufenden Wasserwechsel zu versehen. Andererseits bemühten sich Biologen und Wasserfachleute, für ebensolche Diskus-Zuchtanlagen eine halbautomatische Nitratentfernung einzuführen.
Trotz all dieser relativ jungen Entwicklungen ist ein Filter, wie wir ihn seit Jahrzehnten kennen, auch heute immer noch wichtig. Für seine Wirkung kommt es vor allem auf das ein-

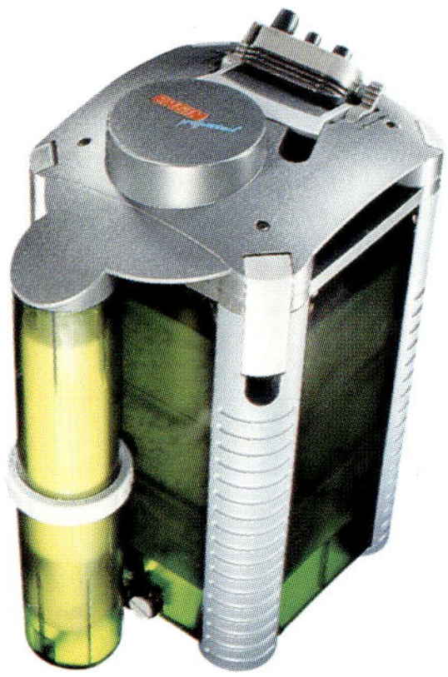

Intervallfilter

CHECKLISTE

Filterfüllungen

Beachten Sie die vom Hersteller vorgesehene Fließrichtung des Wassers. In der Fließrichtung des Wassers werden nacheinander eingefüllt:

- Filterwatte zur groben Vorreinigung. Pumpenleistung:
- Filterwatte zur groben Vorreinigung.
- Kies für die mechanische Filterung.
- Tonröhrchen oder Sinterglas als Besiedlungssubstrat für die Bakterien, die die biologische Filterung übernehmen.
- Aktivkohle zur chemischen Filterung.
- Torf zur Ansäuerung (Senkung des pH-Wertes)des Wassers.

gesetzte Filtermaterial an. Wer sich einen häufigen Teilwasserwechsel ohne große Vorarbeit leisten kann, ist gut dran. Er braucht eine Filterung des Wassers wohl in erster Linie zu seiner optischen Sauberkeit.

Filtertypen

▸ **AUSSENFILTER** sind soche, die sich außerhalb des Aquariums befinden und deren allseits geschlossener Filtertopf mit einem Schlauchsystem für Zu- und Abfluss ausgestattet ist. Angetrieben wird er mit Hilfe einer Filterpumpe. Dazu gibt es Zubehör wie Schlauchklemmen, Absperrhähne, Trennkupplungen usw. Schlauchschellen sichern zudem die Anschlüsse. Je nach Größe des Aquariums (Wasservolumen) und Standort des Filters (neben oder unter dem Aquarium) muss die Leistung der Pumpe (Liter pro Stunde und Druckhöhe) ausgelegt sein. Im Filtertopf beinfindet sich die Filtermasse, die verschiedene Aufgaben erfüllen soll.
Grüne Schläuche, wie sie von dem meisten Herstellern zu den Außenfiltern mitgeliefert werden, verlieren mit der Zeit ihre Elastizität. Sie müssen dann ausgetauscht werden. Als Alternative bieten sich Silikonschäuche an, die zwar einen höheren Preis haben, aber länger elastisch bleiben.

▸ **INTERVALLFILTER** (Eheim) gehören ebenfalls zu den Außenfiltern. Sie bieten zusätzlich durch regelmäßige Durchspülung und Belüftung des Bakterienrasens beste Voraussetzung für die Arbeit der aeroben Abbaubakterien.

▸ **INNENFILTER** befinden sich im Inneren des Aquariums und arbeiten somit ganz ohne Schlauchverbindungen. Ihr Nachteil ist erstens die Optik: Man kann sie im Becken sehen. Zweitens müssen die meisten zum

Klares Wasser allein sagt nocht nichts über seine Qualität aus. Gefährliche Giftstoffe sind unsichtbar!

Reinigen aus dem Aquarium genommen werden. Das wirbelt Mulm auf und erschreckt die Fische.
Alle genannten Filtersysteme haben neben der Reinigung des Wasser die Aufgabe, das Wasser ständig zu durchmischen, wodurch z.B. auch die Wärme der Heizung gleichmäßig verteilt wird, und für eine gewisse Strömung zu sorgen.

Biologisch aktive Filter

Der mechanische Filter hat lediglich die Aufgabe, das Aquarienwasser optisch sauber und damit klar zu halten. Von viel größerer Bedeutung ist dagegen der biologische Filter. Diese Filter müssen durchweg als Außenfilter betrieben werden. In der Reihe des Durchlaufes wird das Wasser zunächst mechanisch gereinigt, also vom groben und feineren Schmutz befreit (Perlonwatte), bevor das Wasser dem eigentlichen Filtermaterial, der Trägersubstanz, zugeführt wird. Hier sollen schnell und präzise organische Verbindungen ab- bzw. umgebaut und zur Endstufe Nitrat reduziert werden.

ABBAUBAKTERIEN Nitrate sind die Endstufe bei der Oxidation von Stickstoffverbindungen, die im Aquarium besonders durch den Abbau von tierischem Eiweiß und Ammoni-

In den Hälterungsanlagen der Herkunftsländer stellt sich die Frage nach der Wassererwärmung nicht.

umverbindungen (Harn, Kot, Futterreste) entstehen. An diesem Abbau sind Bakterienstämme beteiligt, die sogenannten aeroben Bakterien. Sie decken ihren Energiebedarf durch die genannte Oxidation organischer Substanzen, wobei sie auf die Anwesenheit von möglichst viel Sauerstoff angewiesen sind. Im Gegensatz dazu kennen wir die anaeroben Bakterien. Bei ihnen handelt es sich um Organismen, die ohne Sauerstoff auskommen, ja für die Sauerstoff tödlich sein kann. Aerobe Bakterien spalten aus verschiedenen organischen Nährstoffen Wasserstoff ab und verbinden sie schrittweise über zahlreiche Enzymsysteme mit Sauerstoff zu Wasser.
Um diesen aeroben Bakterien einen sauerstoffdurchfluteten Arbeitsbereich zu bieten, wie es die Aufgabe eines biologischen Filters sein soll, braucht der Filter eine sogenannte Trägersubstanz, die in diesem Falle von einer möglichst großen Oberfläche und deshalb so lückenreich wie möglich sein soll. Als geeignetes Filtermaterial wurde in den letzten Jahren ein sehr poröses, aus gesintertem Glas gewonnenes Material immer häufiger eingesetzt.

Empfindliches System

Trägersubstanzen dieser Art benötigen zur Bildung der Bakterienkolonien (ohne weiteres Zutun!) eine Einlaufzeit von mehreren Wochen, wobei die Filtergröße natürlich mit der Größe des Aquariums und der Dichte der Besetzung abgestimmt sein muss. Ein derartiger Biofilter sorgt – und das sei hier ausdrücklich erwähnt! – nur für einen Abbau bis zur Stufe Nitrat. Um das Nitrat zu entfernen bzw. zu verdünnen, bedient man sich am einfachsten eines Teilwasserwechsels. Auch hierbei muss wieder mit möglichst weichem, leicht saurem und sehr nitratarmem Wasser nachgefüllt werden. Wem es hier an der notwendigen Routine mangelt, der sollte vorher

Heizstab

und nachher eine Kontrollmessung der Wasserqualität durchführen, damit die Diskusfische durch eine mögliche Veränderung des Aquarienmilieus keinen Schaden erleiden. Wichtig ist, das Wasser kontinuierlich in gleicher Qualität zu halten und erhalten. Abschließend sei noch erwähnt, dass es bei biologischen Filtern und der Arbeit der Bakterien auf eine nicht zu schnelle Durchlaufgeschwindigkeit ankommt, die den Bakterien auch die Arbeit ermöglicht.

IONENTAUSCHER Über die Entfernung von Nitrat mit Hilfe von Anionenaustausch-Harzen gibt es in der Aquaristik gegensätzliche Meinungen, auf die ich nicht weiter eingehen möchte. Die Austauscher sind regenerierbar. Um eine optimale Leistung zu erreichen, soll auch bei ihrem Einsatz die Geschwindigkeit des Wasserdurchlaufes sehr gering sein, und es darf nicht mehr Wasser über den Austauschweg geleitet werden als dem Wasser andererseits an Nitrat zugeführt wird, so dass der bestehende niedrige Nitratwert erhalten bleibt. In diesem Fall berechnet man für je hundert Liter Aquarienwasser eine Harzmenge von einem Liter. Mehrfach regeneriertes Harz nimmt mit der Zeit in seiner Aufnahmefähigkeit ab.

Wassererwärmung

Das Einhalten einer einigermaßen gleichmäßigen Wasserwärme ist für das Gelingen von Haltung und Zucht der Diskusfische wichtig. Natürlich unterliegt das Wasser im natürlichen Lebensraum der Fische gewissen saisonbedingten, wie auch im Tag- und Nacht-Rhythmus feststellbaren Schwankungen, und die aquaristische Industrie bietet sogar Heizungen an, welche die Möglichkeit für eine Nachtabsenkung um wenige Grade vorsehen.

▸ **HEIZSTAB** Auch bei der Aquarienheizung gibt es wieder unterschiedliche Typen und Möglichkeiten. Da wären zuerst die altbekannten Stabheizer zu nennen. Man kann sie mit Glasmantel oder auch mit dem teureren, aber unzerbrechlichen Titanmantel erwerben. Ob diese Heizstäbe nun mit den nicht immer zuverlässigen Bimetallreglern ausgestattet sind oder separat über einen sichereren Thermostaten gesteuert werden, könnte eine (sollte aber keine) Preisfrage sein.

▸ **KABELHEIZER** Des weiteren werden Kabelheizer angeboten. Bei ihnen wird ein verschieden langes und somit in der Leistung unterschiedliches Kabel mit Silikonmantel

In Diskusbiotopen herrscht meist Dämmerlicht, im Aquarium ist wegen der Pflanzen eine stärkere Beleuchtung nötig.

auf dem inneren Aquarienboden verklebt oder mit Saugern befestigt. Ein separates, außerhalb des Aquariums befindliches Schaltgerät, in welchem der Strom heruntertransformiert wird (Niedervoltstrom), sorgt dafür, dass im Fall einer „Panne" kein Schaden angerichtet werden kann.

▶ **HEIZMATTEN** sind bereits seit Jahrzehnten im Angebot des Handels. Sie werden von außen unter den Aquarienboden gelegt, haben eine genormte Größe und sind somit nur bedingt einsetzbar. Wenn es dabei zu einem Ausfall kommt, fällt es schwer, die Matte zur Reparatur unter dem Aquarium hervorzuholen.

Beleuchtung und Beleuchtungszeiten

Es ist ein Unterschied, ob man Diskusfische im Pflanzenaquarium oder lediglich im pflanzenlosen Fortpflanzungsaquarium oder Aufzuchtbecken pflegt. Pflanzen benötigen in den meisten Fällen eine Menge Licht, und das in besonderem Maße, wenn dem Wasser Kohlenstoff (CO_2) als Pflanzennahrung zugesetzt wird und sie das kräftige Licht zur Photosynthese benötigen.

Licht als Energiespender

Diskusgewässer sind unterschiedlich dunkel, jedoch selten besonders hell. Deshalb reicht für die Haltung von Diskusfischen ohne Pflanzen ein mäßiges Licht. Sollen jedoch im Diskus-(Gesellschafts-)Aquarium viele schöne (und dann bitte südamerikanische!) Pflanzen gut gedeihen, so muss die Kohlendioxid-Assimilation, also die Bildung organischer Substanz aus CO_2, funktionieren. Dabei wird das Kohlendioxid unter Energieverbrauch zu Zucker reduziert. Alle Organismen, die Chlorophyll enthalten und unter katalytischer (beeinflussender) Mitwirkung dieses grünen Farbstoffs aus Kohlendioxid und Wasserstoff organische Substanzen bilden, benötigen zu dieser Fotosynthese das Licht als Energiequelle. Als Ausscheidungsprodukt entsteht Sauerstoff, der wiederum den Fischen zugute kommt. Daraus kann man ableiten, dass ein kräftiges, allen Aquarienbewohnern zu Gute kommendes Pflanzenwachstum nur durch eine kräftige Beleuchtung zu erreichen ist.

DIE NATUR IMMITIEREN Die tägliche Beleuchtungszeit soll der eines tropischen Sonnentages mit zwölf Stunden Helligkeit (6 bis 18 Uhr) entsprechen. Es ist daher am einfachsten, die Lampen mit einer elektrischen Schaltuhr zu kombinieren, so dass eine gleichmäßige und von den Aquarienbewohnern genau wahrnehmbare Beleuchtungsdauer gegeben ist. Da die meisten Aquarianer tagsüber ihrer Arbeit nachgehen und auch am Abend noch Freude am lebendigen Aquarium haben möchten, kann man die Schaltuhr zeitversetzt arbeiten lassen, etwa von 11 bis 23 Uhr.

In früheren Jahren hat man besonderen Wert auf die Zusammensetzung der Lichtfarben legen müssen. Dieses Muss ist heute insofern überholt, als dass der aquaristische Handel Röhren jeder Länge und Leistung anbietet, die in ihrem Lichtspektrum speziell für den Einsatz über Süßwasser-Pflanzenaquarien ausgelegt sind.

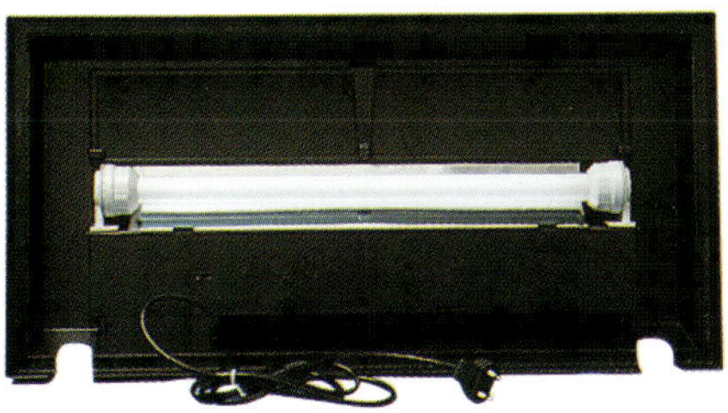

Aquarienabdeckung mit integrierter Beleuchtung.

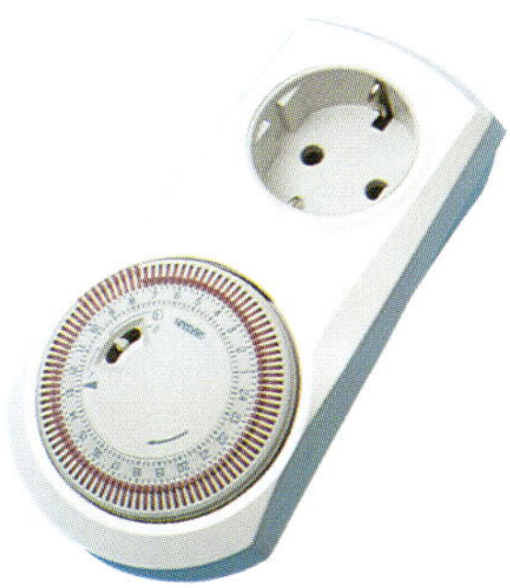

Zeitschaltuhr – Sie hilft Ihnen, einen natürlichen Beleuchtungsrhythmus zu immitieren.

Der Bodengrund

Eine gelegentlich geführte Diskussion darüber, ob ein Diskusaquarium mit oder ohne Bodengrund betrieben werden soll, hat sich wohl im Verlauf der letzten Jahrzehnte geklärt: Ein Diskus-Gesellschaftsaquarium mit Pflanzen und anderen Fischen ist ohne Bodengrund kaum vorstellbar, weil erstens die Pflanzen darin wurzeln müssen und zweitens die meisten Tiere, die in diesem Becken die unteren Wasserschichten bewohnen (neben den Diskusfischen die Panzerwelse, Zwergbuntbarsche und auch verschiedene Kleinsalmler), gerne einmal den Boden nach Nahrungspartikeln absuchen oder darin gründeln. In ihren Heimatgewässern ist der Boden fast überall sandig. Sand bestimmt die Böden, ist vielfach indirekt auch für die Mineralarmut des Wassers und für dessen Klarheit verantwortlich. Natürlich gibt es auch Mulm- und Detritus-Auflagen. Da aber die meisten Fische nahe der bewaldeten Ufer leben, gehört ein Auftrag von abgefallenem Laub auf die Böden, und man wird staunen, was verschiedene Fischarten mit den toten Blättern anzufangen wissen, wenn man davon auch einige auf den Aquarienboden gibt: Die Kleinsten nutzen sie als Versteck und Fortpflanzungsunterstand, andere versuchen, darunter Nahrung zu finden und pusten die Blätter zur Seite.

▸ **AUSNAHMEN** Zucht- oder Aufzuchtanlagen werden stets ohne Bodengrund betrieben. Gerade bei der Zucht kommt es sehr darauf an, das Aquarium so reinlich wie möglich zu halten. Ein etwa 5 cm hoher Kies- oder Sandbodengrund, nicht besonders gut gepflegt, birgt viele Unsicherheitsfaktoren wie Krankheitserreger und vor allem organischen Abfall. Ist das Aquarium dagegen ohne Bodengrund, so kann sein Glasboden bei jeder Gelegenheit (meist täglich) abgesaugt werden.

Harmonische Gemeinschaft

Gehen Sie einmal davon aus, dass das einzurichtende Gesellschaftsaquarium eine Länge von 120 bis 150 cm haben soll und Sie den Typ diskusgerecht „Amazonas“ nennen.

Üppige Pflanzenpracht, die den Diskus fast verschwinden lässt.

INFO

Üppige Pracht oder strenger Minimalismus?
Wie bereits erwähnt, gibt es verschiedene Möglichkeiten, Diskusfische zu pflegen bzw. ihr Zuhause einzurichten. Man soll sich von vornherein darüber klar sein, ob es ein schönes harmonisches Wohnzimmeraquarium werden soll, in dem die großen mit vielen kleineren Fischen wie Salmlern, Panzer- und kleinen Harnischwelsen sowie verschiedenen Zwergbuntbarschen ein relativ naturähnliches Leben führen können. Will man dagegen die Diskuszucht in den Vordergrund stellen, wird man das nicht im Wohnzimmer tun wollen und können. Die Einrichtung von einem oder mehreren Zuchtaquarien ist dagegen äußerst spartanisch, denn mehr als den obligatorische Brutkegel gibt es da nicht einzurichten - noch nicht einmal kann es aus hygienischen Gründen Bodengrund (Kies oder Sand) und meist auch keine Pflanzen geben.

Dann haben in diesem Aquarium logischerwie konsequenterweise Fische und Pflanzen aus Afrika und Asien nichts zu suchen. Zunächst einmal müssen Sie davon ausgehen, dass Diskusfische Schwarmfische sind, was heißt, dass sich selten Tiere aus der Gruppe absondern, sondern sich die einzelnen Individuen am liebsten nahe beieinander aufhalten, zusammen in einer Ecke des Aquariums stehen. Nur wenn sich zwei geschlechtsreife Tiere zueinander hingezogen fühlen und man davon ausgehen kann, dass sie ein Paar bilden, werden sie sich absondern, ein Revier gründen und in absehbarer Zeit Nachkommen produzieren. Natürlich kann das auch im Gesellschaftsaquarium geschehen! Die Einrichtung soll dem Verhalten der Diskusfische, aber auch dem ihrer kleineren Mitbewohner Rechnung tragen.

Bleiben wir einmal bei den drei Mitbewohnergruppen Kleine Salmler, Panzerwelse und Zwergbuntbarsche. Auch bei ihnen müssen Sie sich danach erkundigen, was sie für einen artgerechten und gesunden Aquarienaufenthalt brauchen.

Tierische Mitbewohner

Unter den Ansprüchen jedweder Mitbewohner wäre an erster Stelle die Sicherheit zu nennen. Kleine Schwarmsalmler (zum Beispiel *Hemigrammus-*, *Hyphessobrycon-* oder

CHECKLISTE

Grundausstattung

- Nur-Glas-Aquarium (z.B. 120 x 70 x 50 cm), Unterschrank
- Abdeckung mit Beleuchtung
- Filter mit allen Anschlüssen und Filtersubstrat
- Heizung oder Thermofilter
- Thermometer
- Testreagenzien oder Messgerät für die Wasserwertebestimmung
- Rückwandmaterial für innen oder außen
- Bodengrund: dunkler ungefärbter Quarzkies mit ähnlichfarbenem Sand gemischt
- Moorkienholz
- kalkfreies, nicht scharfkantiges Gestein
- Mehrfachstecker
- Zeitschaltuhr
- mehrer Kescher mit feinmaschigem Netz
- Schlauch für den Wasserwechsel
- Eimer
- Mulmabsauger
- Klingen-, Magnet-(Filz-) oder Schwammreiniger zur Scheibenreinigung

Panzerwelse (hier: Corydoras robustus**) sind geeignete Gesellschaftsfische für ein Diskus-Aquarium.**

Paracheirodon-Arten) bewohnen die mittleren oder oberen Wasserschichten. Sie ziehen sich bei Gefahr im Aquarium zwischen die Pflanzen zurück. Kleine Oberflächenbewohner wie die Beilbauchfische der Gattungen *Carnegiella* und *Gasteropelecus* machen davon weniger Gebrauch, sondern bevorzugen den Schutz unter den Blättern schwimmender Pflanzen. Panzerwelse verstecken sich bei Gefahr unter Wurzeln und Steinen, im Bereich der unteren bodennahen Pflanzenstiele oder unter Moosbüscheln.
Nun zu den etwas anspruchsvolleren (und intelligenteren?) kleinen Zwergcichliden, von denen es sehr viele Arten, aber auch unterschiedliche Typen aus verschiedenen Gattungen gibt. Sie gehören den Gattungen *Biotoecus*, *Apistogramma*, *Apistogrammoides*, *Crenicara*, *Dicrossus*, *Microgeophagus* und *Taeniacara*, wie auch *Nannacara* und *Laetacara* an. Ihr Verhalten ähnelt sich, kann aber doch innerhalb der Gattungen verschieden sein. Zu den bekanntesten Zwergbuntbarschen Südamerikas gehören zweifellos die *Apistogramma*-Arten. Viele kommen in denselben Lebensräumen wie die Diskusfische vor, doch ist ihre allgemeine Verbreitung noch viel weiter gestreut. Die Zwerge sind natürlich auf gute Deckung bedacht und machen sich nach dem Einsetzen in ein Aquarium als erstes daran, sich nach einem zuverlässigen Versteck umzusehen. Das setzt voraus, dass eine entsprechende Zahl an Stein- oder Wurzelverstecken passender Größe vorhanden ist.

VORAUSDENKEN Sie müssen also bereits beim Einrichten des Aquariums für jedes einzelne dieser Tiere ein Versteck fest eingeplant haben. Informieren Sie sich deshalb vorher schon über Verhalten und Bedürfnisse der verschiedenen Arten. Sie sehen, es sind auch die kleinen Dinge, die man überdenken und berücksichtigen muss. Nur dann kann eine Gesellschaft wunschgemäß funktionieren und keines ihrer Mitglieder muss Not leiden oder sich unterdrückt fühlen.

Gestaltung des Lebensraums

Wenn es um die Bepflanzung geht, müssen verschiedene Räume Berücksichtigung finden: eine Terrasse, die hinteren beiden Winkel und der Vordergrund. Dazu kommen die Kriterien, über die vorher gesprochen wurde: der Einbau von Höhlen und Unterständen. Im Aquarium hat man es mit einer „Vielklassengesellschaft“ zu tun, in der jedes Individuum den Platz haben sollte, der ihm zusteht. Einerseits schafft man sich kein Tier an, um es unterdrückt oder unwohl zu wissen, andererseits sind dem Aquarianer gegenüber dem natürlichen Biotop gewisse räumliche Grenzen gesetzt.

Verschiedene Bereiche schaffen

Zunächst geht es um den Einbau einer Terrasse. Sie muss widerstandsfähig sein und darf von gründelnden Fischen nicht schon nach ein paar Tagen oder Wochen eingeebnet oder verschoben werden. Die einfachste Möglichkeit besteht darin, dass man sich ein großes und vor allem langes Stück Moorkienholz sucht, das sich als Barriere einsetzen lässt. Das ist aber schwer zu finden und in der benötigten Länge auch nicht für wenig Geld zu haben (es sei denn, man wohnt in der Nähe eines Torf-Abbaugebietes). Eine zweite Möglichkeit besteht darin, die Abgrenzung mit Hilfe von Steinen durchzuführen. Sie sollten möglichst schwer und von gleichmäßiger Höhe sein (z.B. Taunusschiefer oder auch schwarzer, nicht ölhaltiger Schiefer). Steine kann man notfalls rückseitig passend zersägen lassen. Das machen Steinmetze in Friedhofsnähe am ehesten. Die dritte Möglichkeit heißt Hart-PVC. Da bietet der Handel größere L-Winkel an, die man gegebenenfalls am Boden festkleben und an der Frontseite mit Zweikomponentenkleber und Aquarienkies dem Aussehen des Bodens anpassen kann.

Diskusfische stehen gern zwischen Gehölz. Da sie sich in Aquarien gern in die hinteren beiden Ecken zurückziehen, soll man hier einige senkrecht verlaufende Hölzer (am besten nicht färbendes Tropenholz) einbringen und ihnen einen festen Halt verschaffen. Man kann auch entsprechend zugesägte Hölzer mit Hilfe von VA-Blechstreifen in die hinteren Aquarienregionen einhängen. Notfalls können die Diskusfisch-Weibchen auch an diesen „Stämmen" ihre Eier anheften, wenn sie einmal eine Ecke als Revier herrichten.

TIPP

Vor dem Einsetzen der Fische

Ein neu eingerichtetes und mit Pflanzen besetztes Aquarium darf man zwar sofort in Betrieb nehmen, aber keinesfalls schon Fische einsetzen. Das Aquarium muss mindestens zwei Wochen, besser noch eine Woche länger, einlaufen, bis sich ein stabiles Gleichgewicht einstellt. Es müssen sich erst die Boden- und Filterbakterien in hoher Dichte entwickelnt haben, um ihre so dringend nötige pflegerische Mitarbeit verrichten zu können. Regelmäßige genaue Kontrolle der Wasserwerte ist in dieser Zeit besonders wichtig.

Ein Stück Natur hinter Glas – reich bepflanztes Amazonasbecken mit Diskus und Roten Neons.

Aquarium einfahren

Haben Sie das Aquarium vollständig eingerichtet, müssen Sie trotzdem noch eine Weile auf Ihre Fische verzichten. Wichtig ist nun zunächst eine frühe, routinemäßige Überprüfung aller Werte. Das Ansteigen giftiger Stoffwechselprodukte kann darauf aufmerksam machen, dass sich ein Gleichgewicht noch nicht eingestellt hat. Stellen Sie zum Beispiel plötzlich einen meist tödlich hohen Nitritwert fest, muss im neu eingerichteten Aquarium eine Störung im Oxidationsprozess, der Nitrifikation, vorliegen. Im regulären Stickstoffabbau wird normalerweise durch die Arbeit der *Nitrosomonas*- und *Nitrobakter*-Bakterien Ammonium über Nitrit zum weniger giftigen Nitrat umgebaut. Hat sich im neuen Aquarium noch nicht eine ausreichende Zahl der genannten Bakterienpopulationen aufgebaut, so kann die Nitrit-Stufe nicht normal durchlaufen werden. Die Ursache: Das noch nicht eingefahrene Aquarienwasser wurde zu früh und/oder mit einem zu dichten Fischbesatz belastet.

Sind die Pflanzen angewachsen und ist das Aquarium „eingefahren", so dass man davon ausgehen kann, genügend Abbau-Bakterien im Bodengrund und im Filter zur Verfügung zu haben, kann man mit dem Einsetzen der ersten Fische beginnen. In einem Gesellschaftsaquarium müssen es nicht sogleich die Diskusfische sein.

SCHRITT FÜR SCHRITT

1. Rückwand außen oder innen – mit Silikonkautschuk – ankleben.
2. Kleber bei einer Innenrückwand zwei Tage aushärten lassen.
3. Bodenheizung verlegen.
4. Wurzelholz und Gestein direkt auf den Aquarienboden legen, dann
5. Bodengrund 5 bis 10 cm hoch einfüllen. Nach hinten leicht ansteigend.
6. Becken etwa 1/3 mit – aufbereitetem – Wasser befüllen. Achtung: den Bodengrund nicht aufwirbeln. Deshalb z.B. ein kleines Schüsselchen unter den Strahl stellen. Falls ein Innenfilter verwendet wird, diesen vorher einbauen.
7. Pflanzen einsetzen: größere Pflanzen hinten und an der Seite, kleinere im Vordergrund. Pflanzen nur bis zum Wurzelhals in den Bodengrund setzen.
8. Becken ganz mit Wasser füllen.
9. Außenfilter anschließen und in Betrieb nehmen.
10. Abdeckung mit Beleuchtung aufsetzen.

Der Stress-Faktor

Stress kennen Mensch und Tier – nur können Tiere ihre Situation nicht erläutern oder sich beklagen. Bei uns Menschen findet man dafür als Erklärung viele Begriffe: Zeitmangel, Hetze, Hektik, Nervosität, Überanstrengung und Überbelastung. Dabei werden Ursache und Wirkung miteinander vermischt. Man spricht aber auch von einer Reaktion auf stressauslösende Bedingungen. Bei uns Menschen ist die Sache schon näher untersucht, und man weiß, dass Reize über die Sinnesorgane zum Gehirn gelangen und dort vornehmlich in der Großhirnrinde und in zweiter Linie im sogenannten Limbischen System Reaktionen auslösen.
Eine kurzzeitige Einwirkung von Stressoren wird vom Organismus mit einer „Notfallreaktion" beantwortet. Sie geht mit Aktivitätssteigerung einher und bereitet jedes Individum auf Flucht oder Kampf vor. Durch Ausschüttung von Hormonen (bei Menschen kennen wir z. B. Adrenalin) werden Puls und Blutdruck dabei so rasch gesteigert, dass der Körper auf Flucht oder Kampf bestens vorbereitet ist.
Werden, wie in einem anderen Fall, Fische mit einem zu weitmaschigen Netz gefangen, so versuchen sie anfangs, wild mit den Flossen zu schlagen und verletzen sich zuweilen sehr, wenn das Netzmaterial zu fein ist und in das Gewebe einschneidet. Aber auch ohne verletzt zu werden, bricht bei den Tieren solange Panik und Todesangst aus, bis sie wieder in „ruhiges Wasser" und eine mögliche Rückzugszone umgesetzt werden. Bis zur Ankunft in den großen, nackten und meist schutzlosen Becken der Importeure haben sie noch einen langen und keinesfalls geruhsamen Weg vor sich, denn es gibt viele Unterbrechungen, eine ungewohnte Umgebung, gelegentliche starke Störungen und vor allem nicht die gewohnte Nahrung. So gelangen unsere Wildfangdiskusse dann eines Tages in das Quarantänebecken eines Aquarianers. Was kann er tun, um den Stress, dem seine Fische über einen längeren Zeitraum ausgesetzt waren, abzubauen?

Dringend zu empfehlen: Quarantäne

Importierte Tiere sollen zunächst einmal in einem dämmrigen, mit reichlich Wurzelholz bestückten und vor allem ungestört und nicht zu kühl stehenden Quarantänebecken Erholung finden. Es kann sein, dass sie sich bereits vordem beim Importeur oder Ihrem Händler erholen konnten, dann kann man

Neuzugänge – besonders Wildfänge – beobachten Sie 2–3 Wochen in einem Quarantänebecken, bevor Sie sie zu schon vorhandenen Fischen setzen.

CHECKLISTE

Fische kaufen

- Es gibt Fachgeschäfte, in denen man sich in einigen Becken auf den Verkauf von Diskusfischen (meist Nachzuchttiere) spezialisiert hat. Offerten finden Sie im Anzeigenteil der Fachmagazine.
- Über Aquarienvereine können Sie Züchter finden, die Tiere aus eigener Nachzucht verkaufen.
- Achten Sie beim Kauf der Fische auf den Gesundheitszustand der Tiere. Wie Sie gesunde Fische erkenne lesen Sie auf S. 86.
- Achten Sie beim Transport - vor allem im Winter - darauf, dass die Diskusfische keinenen starken Temperaturschwankungen ausgesetzt sind.
- Bringen Sie die Tiere auf schnellstem Wege nach Hause.
- Neuerwerbungen dürfen nicht sofort zu den schon vorhandenen Tieren gesetzt werden. Halten Sie möglichst eine Quarantänezeit von zwei Wochen ein (S. 22.).

diese Eingewöhnungsphase entsprechend abkürzen. Was haben die Fische beim Händler gefressen? Haben sie überhaupt Nahrung aufgenommen? Was machen die Fische sonst für einen gesundheitlichen Eindruck? Auch Wildfangtiere können von Kiemenwürmern befallen sein. Wer Diskusfische einkauft (gleich, ob Wildfänge oder Nachzuchttiere) und sicher gehen will, dass sie frei von Krankheiten oder Parasiten sind, der muss sie drei bis sechs Wochen vor dem Einsetzen in das Hauptaquarium einer Anlage oder in ein Gesellschaftsaquarium in Quarantäne nehmen und beobachten, denn auch ein nur schwacher Befall kann sich weiterentwickeln – und da sind dem Pfleger im Quarantänebecken mehr Möglichkeiten gegeben, notfalls – wenn überhaupt – mit Medikamenten zu arbeiten. Wer über ein kleines Mikroskop verfügt, hat zum Beispiel die Möglichkeit, Kiemen- oder Hautabstriche zu machen und zu untersuchen. Dazu aber braucht man Übung!
Haben die Fische schließlich die Eingewöhnung ohne Befund überstanden und nehmen die übliche Nahrung auf, so kann man sie ins Hauptaquarium überführen.

Wurzelwerk von Echinodorus cardifolius – **Herzblättrige Amazonasschwertpflanze**

Echinodorus osiris – **Rotblättrige Amazonasschwertpflanze**

Aquarienpflanzen und ihre Ansprüche

Pflanzen stellen unterschiedliche Ansprüche an den Bodengrund, die Ernährung (Düngung) und an das Licht. Normalerweise ist dies aber für die meisten Aquarianer das geringste Problem. Wie man aber sehen wird, stellen CO_2-versorgte Pflanzen auch bestimmte Ansprüche an die Energiequelle Sonne, die im Aquarium nun einmal vom Licht der Lampen vertreten werden muss. Zudem haben Pflanzen eine unterschiedliche Wuchshöhe und damit verbunden einen unterschiedlich großen Wurzelballen. Es versteht sich, dass die größten Pflanzen nach hinten gesetzt werden und die kleinsten, die sogenannten Bodenbedecker, nach vorn. Farben können Geschmacksache des Pflegers sein, haben aber auch für den Gesamteindruck der Bepflanzung eine gewisse Bedeutung.

Echinodorus-Arten

Es gibt viele Pflanzen, die aus Amazonien stammen, allen voran die verschiedenen *Echinodorus*-Arten, bei denen es elliptische, nadelförmige, lanzettliche, eiförmige und herzförmige Blattspreiten gibt. Sie sind nicht allein für den Hintergrund geeignet, sondern auch für den Mittelteil am Vorderrand einer Terrasse und schließlich auch für den rasenartigen Vordergrund.
Allein der Gattung *Echinodorus* sind mehrere Dutzend Arten angeschlossen, deren korrekter wissenschaftlicher Name aber bei einigen umstritten ist. Im Handel erhältlich sind

Alternanthera reinickii – **Rotes Papageienblatt**

Echinodorus schlueteri

meist nur die gangbaren Arten, und es gehört oft viel Gespür dazu, die richtigen zu finden.

GROSSE ARTEN *Echinodorus bleheri* ist auch als „Große, breitblättrige Amazonas-Schwertpflanze" bekannt. Wir wissen noch nicht umfassend, welches Substrat die Diskus-Weibchen in der Natur am ehesten wählen, aber diese Schwertpflanze hat die Blätter, die zum Beispiel Substratbrüter wie die Skalare – aber auch Diskusfische – zum Anheften ihrer Gelege im Aquarium bevorzugen. Die Blätter dieser Art wie auch die von *E. amazonicus*, die etwas schmaler sind, erreichen eine Höhe bis etwa 55 cm. Die letzte nennt man deshalb „Große, schmalblättrige Amazonas-Schwertpflanze". Ebenfalls recht breite Blätter hat die „Breite Amazonas-Schwertpflanze", *E. paniculatus*. Sie erreicht in großen Aquarien eine Wuchshöhe zwischen 30 und 70 cm. Eine weitere, recht groß werdende Hintergrundpflanze, besonders geeignet für nicht abgedeckte Aquarien, ist die „Große, herzblättrige Amazonaspflanze" *Echinodorus cordifolius*. Sie wird in den Züchtereien leider oft nur emers, also außerhalb des Wassers, herangezogen und gewöhnt sich dann die erste Zeit nur schlecht an ein Leben unterhalb des Wasserspiegels. Die auf langen Stielen sitzenden herzförmigen Blätter können dann viele Zentimeter hoch aus dem Wasser herausragen.

MITTLERE ARTEN Ebenfalls herzförmige Blätter trägt *E. horizontalis*. Sie wächst nicht so hoch hinaus (20–25 cm), dafür aber mehr in die Breite. Sie heißt deshalb auch „Horizontale Amazonaspflanze" und ist eher für den Mittelteil geeignet. Als *E. schlueteri* Rataj, 1981 (die Gültigkeit des Namens ist strittig) kennen wir eine Art, deren herzförmig gestreckte Blätter zwar entfernt an die von *E. cordifolius* erinnern, doch bleiben diese Gewächse kleiner. Interessant sind davon die verschiedenen Zuchtformen, deren hell grünes Blattwerk braun gefleckt ist und die man deshalb mit Populärnamen wie „Leopard“, „Ozelot“ oder ähnlich bezeichnet. Die Pflanze wird durchschnittlich 20–25 cm hoch. Mit eiförmigen Blättern ist *E. opacus* ausgestattet. Man nennt sie „Dunkle Amazonaspflanze“, und sie gleicht etwas der Art, die *E. portoalegrensis* heißt und aus dem Süden Brasiliens stammt. Beide erreichen – je nach Kultur – eine Höhe von 15–20 cm. Unter den Namen *Echinodorus barthii* und E. osiris sind zwei Formen im Handel, die der niederländische Echinodorus-Spezialist De Graaf als Synonyme von *E. uruguayensis* ansieht. Trotz dieser nomenklatorischen Wirrnisse konnte sich die Pflanze in den Becken vieler Aquarianer durchsetzen. Untergetaucht hat sie eine schöne braune bis rötlich gefärbte, zuweilen auch gefleckte Blattrosette. Ein prächtiges Schaustück für die zentrale Mitte.

KLEINE ARTEN *Echinodorus tenellus* oder „Zwergamazonas“ ist eine kleine, rasenbildende Pflanze mit grasartigem Blattwerk. Ihre Ausläufer verzweigen sich, so dass ein dichter „Rasen“ entsteht. Sie gilt in der Aquaristik als die klassische Vordergrundpflanze. Um sie aber in hohen Aquarien erfolgreich zu pflegen, braucht sie viel Licht, das auch bis zum Boden reichen muss.

Sagittaria-Arten

Sagittaria-Arten sind nahe mit denen von Echinodorus verwandt, und in dieser Gattung gibt es mit *S. subulata* („Kleines Pfeilkraut“) eine Art, die bei Lichtmangel weniger anfällig ist und die man deshalb in den Geschäften häufiger als Vordergrundpflanze antrifft. Sie wird oft auch fälschlich als *E. tenellus* angeboten.

Heteranthera zosterifolia – **Seegrasblättriges Trugkölbchen oder Sternkraut**

Cabomba-Arten

Die „Haarnixen“ werden häufig für südamerikanische Aquarien empfohlen. Für ihre Pflege ist aber viel Licht die einzige Möglichkeit, dass die feinfiedrigen Pflanzen gut gedeihen. Viel Licht aber mögen die Diskusfische nicht. Von den schwimmenden und ebenfalls lichthungrigen Gewächsen, mit denen man das Aquarium-Innere in ein gedämpftes Licht tauchen kann, empfiehlt sich am ehesten *Ceratopteris pteridioides*, der „Schwimmende Hornfarn“. Kleinere Blätter hat der „Brasilianische Wassernabel“, *Hydrocotyle leucocephala*. Sein Blattwerk flutet normalerweise an der Wasseroberfläche, kann aber auch, eingepflanzt, zum Wasserspiegel emporranken. Auch diese Pflanzen sind lichtbedürftig,

Pflanzen sind nicht nur schmückendes Beiwerk, sondern sehr wichtig für Sauerstoffversorgung und Wasserqualität.

aber sie bekommen ja vom Licht genug ab, weil sie an oder auf der Wasseroberfläche schwimmen. Auf andere kleinere Schwimmpflanzen wie *Riccia fluitans* oder *Salvinia* und *Azolla* sollte man verzichten; ebenso auf die größer werdenden Arten wie *Eichhornia* und *Pistia*.

Weitere Arten

Zum Aufbinden (und späteren Anwachsen) auf Wurzeln eignet sich Javamoos, *Vesicularia dubyana*, das eigentlich in keinem Aquarium fehlen sollte. Seine Heimat liegt zwar in Südostasien, doch ist es heute weder als Gestaltungselement noch als Brutsubstrat aus der Aquaristik wegzudenken.

Wer nicht auf Pflanzen mit schmalem Blattwerk und roten bis rötlichen Blattspreiten verzichten möchte, der kann auf die Stengelpflanze *Alternanthera reinickii* zurückgreifen, die als „Kleines Papageienblatt" gelegentlich in fünf Formen mit jeweils unterschiedlicher Blattlänge im Handel ist. Südamerikanische Pflanzen sollten normalerweise an die dortigen Wasserbedingungen angepasst sein. Da sie jedoch meist aus einheimischen Zuchten stammen, dürften viele von ihnen an hiesige Trinkwasserwerte gewöhnt sein.

Panzerwelse (hier: Corydoras ourastigma**) vertilgen auch einmal den einen oder anderen Futterrest.**

Salmler

Bei der Erwähnung von Salmlern als Mitbewohner denken die meisten Aquarianer sofort an Rote Neon oder ähnliche gestreckte Arten. Dagegen lässt sich nichts einwenden, nur erinneren Sie sich: auch Diskusfische sind Buntbarsche, die ihre Nahrungspalette gern auch einmal mit einem jungen, für ihr kleines Maul noch zu packenden Fisch aufbessern. Es sind leider oft die jungen Neonfische, Rotmaul- oder Rotkopfsalmler usw., die in noch zu geringer Größe zu Diskusfischen oder Skalaren in die Aquarien gesetzt werden und sich darauf meist unbemerkt reduzieren – von den Großen verspeist! Deshalb: Wählen Sie besser nicht zu kleine Salmler-Arten für ein Diskus-Gesellschaftsbecken

Geeignete Arten

Die Zahl südamerikanischer Salmler, die sich für einen Einsatz in ein Diskus-Gesellschaftsaquarium eignen, ist artenmäßig nahezu unbegrenzt. Es sind vor allem die Gattungen *Hyphessobrycon* (Characidae) und *Hemigrammus* (Characidae), von denen viele schöne und farbige Arten ihren Weg zu den Händlern finden. Daneben kennen wir speziell einzelne Arten aus den Gattungen *Moenkhausia* (Tetras/Characidae), *Nematobrycon* (Kaisertetra/Characidae), *Nannostomus,* (Ziersalmler/Lebiasinidae), *Copella*, *Pyrrhulina* (Schlanksalmler/Lebiasinidae) und schließlich *Paracheirodon* (Neonfische/Characidae) – um nur die bekanntesten zu nennen. All diese kleinen Salmler, die im Durchschnitt höchstens 4–5 cm lang werden, aber eine unterschiedlich hohe oder gestreckte Körperform aufweisen, lassen sich relativ leicht in einem Wasser gleicher Qualität zusammen mit Diskusfischen pflegen.

Ein Schwarm Salmler (hier: Schwanzfleck-Moenkhausia – Moenkhausia dichroura) bringt Bewegung in ein Gesellschaftsbecken.

Gehören zur selben Familie: Diskus und Zwergbuntbarsch (hier: Zweistreifen-Zwergbuntbarsch – Apistogramma bitaeniata).

Panzerwelse

Panzerwelse – die „Gesundheitspolizei"? Man hat sie so einmal bezeichnet, weil sie, wie nur wenige Welse, auch tagsüber aktiv sind und dabei ständig den Boden nach Nahrung absuchen. Das heißt natürlich nicht, dass die munteren kleinen Bodenfische jede überschüssige Futtermenge aufnehmen können. Irgendwann sind auch sie überfordert. Es gibt etwa 150 Arten, kleinere und größer werdende, die ebenso gesellig wie die Salmler sind und gern in artgleichen Gruppen durchs Aquarium ziehen. Die meisten stellen keine besonderen Ansprüche an eine extrem weiche Wasserqualität. Zum Aufenthalt in trüben, sauerstoffarmen Gewässern (also meist bei Niedrigwasser) ist ihr Enddarm zur Aufnahme und Verwertung atmosphärischer Luft von der Wasseroberfläche befähigt. Im Aquarium zeigt sich dies durch überraschendes, fast senkrechtes Auf- und ebenso schnelles Abtauchen.

Geeignete Arten

Von der Vielzahl der Arten sind verständlicherweise meistens nur die häufiger vorkommenden und somit preiswerteren im Handel anzutreffen. Alle gehören den drei Gattungen Aspidoras, Brochis und Corydoras an. Die ersten gehören zu den Zwergen, die zweiten zu den Riesen. Zu den am häufigsten gepflegten Arten der Gattung *Corydoras* gehören so bekannte wie *C. aeneus*, *C. agassizi*, *C. arcuatus*, *C. metae*, *C. paleatus*, *C. reticulatus*, *C. schwartzi*, *C. sterbai* und *C. trilineatus*. Sie werden im Durchschnitt 5–6 cm lang. Eine Ausnahme bildet der in der Männchenform attraktive C. barbatus, der eine Länge bis zu 12 cm erreichen kann. Auch in dieser Gattung gibt es einige kleinbleibende, bis etwa 3 cm groß werdende Arten, die gern auch einmal im Schwarm in mittleren Wasserschichten umherschwimmen. Dazu gehören *C. cochui*, *C. hastatus* und *C. pygmaeus*.

HARNISCHWELSE Schaut man in viele Gesellschafts- wie auch Zuchtaquarien, so fallen zwei Arten aus der Gruppe der kleineren Harnischwelse ins Auge. Die einen überraschen durch den tentakelartigen „Kopfputz" ihrer Männchen, die anderen durch ihre besonders auffällige, zebraartig gemusterte Zeichnung. Beide gehören innerhalb der Familie Loricariidae oder Harnischwelse der gattungs- und artenreichen Unterfamilie Ancistrinae an. Ihr besonderes Merkmal sind die kleinen Hakendornen seitlich unter dem Hinterkopf. Mit ihnen verhaken sich die Welse häufig in den Netzen, wenn diese nicht fein genug sind (Vorsicht beim Fangen und Umsetzen!). Die Tiere beider Formen sind vorwiegend nachtaktiv, das heißt, sie sind während der Dunkelheit unermüdlich dabei, Futterreste wie auch Algen zu vertilgen. Ancistrus-Arten gibt es in großer Zahl (darunter auch eine albinotische Form), und es fällt schwer, sie alle auseinander zu halten, was ja aber für ihre Pflege im Gesellschaftsaquarium unerheblich ist. Bietet man ihnen röhrenförmige Unterstände an, die ihnen zusagen, so kann man auch mit ihrer (meist zunächst unbemerkten) Fortpflanzung rechnen. Bei dem zweiten Vertreter handelt es sich um den Zebrawels *Hypancistrus zebra*. Beide sind ausgezeichnete Gesellschaftsfische, die sich in jedem gut geführten Aquarium wohlfühlen, wobei die letzteren die etwas anspruchsvolleren Pfleglinge sind.

Zwergbuntbarsche

Wer Zwergcichliden pflegen möchte, der sollte nicht mit Arten anfangen, deren Haltung als schwierig gilt und die im Gesellschaftsaquarium Probleme bereiten können. Auf das für diese Fische zwingende Vorhandensein von Höhlen und ähnlichen Unterständen wurde bereits hingewiesen. Die Männchen erweisen sich meist als sehr territorial, was sich möglicherweise in einem großen Aquarium nicht so stark auswirkt. Sie sind fast immer kräftiger als die Weibchen gefärbt und zudem auch größer. Im Revier eines Männchens können mehrere kleinere Reviere von Weibchen derselben Art liegen, die aber dann alle als Großrevier des Männchens angesehen und auch von ihm gegenüber Eindringlingen verteidigt werden.
In den letzten Jahren ist eine Flut neuer und interessanter Arten auf den aquaristischen Markt gekommen. Für eine Haltung im Gesellschaftsaquarium sollte man jedoch nur

Tiere bekannter und vor allem robuster Arten auswählen. Sie trifft man im aquaristischen Fachhandel eher an, und dazu sind sie in einem risikoreicheren Gesellschaftsbecken nicht nur preiswerter, sondern auch haltbarer. Nicht alle sind Höhlenbrüter, wie die Arten der bekanntesten Gattung *Apistogramma*. So laichen die Weibchen der beiden *Microgeophagus*-Arten, *M. ramirezi* und *M. altispinosus*, zum Beispiel auf einem flachen Substrat (Stein) außerhalb einer Höhle. Im Gegensatz dazu geben die Weibchen der *Dicrossus*-Arten, *D. filamentosus* und *D. maculatus*, zwar ebenfalls ihre Eier außerhalb einer Höhle ab, platzieren sie aber bevorzugt auf ein horizontales Blatt oder ein Wurzelstück. Auch ein weiterer beliebter Bekannter, *Laetacara curviceps*, der „Tüpfel-Zwergbuntbarsch“ aus dem Amazonasgebiet laicht bevorzugt auf einer Steinplatte. Die meisten Zwergbuntbarsche lassen sich nicht mit Flockenfutter ernähren. Sie verlangen fleischliche Kost, die aber auch aus der Tiefkühltruhe stammen darf. Eine Ernährung der kleinen Cichliden, die sich in kleineren Aquarien auch gut mit Artemia-Nauplien erreichen lässt, ist wegen der Weite eines größeren Gesellschaftsaquariums nicht empfehlenswert.

Duplikat-Panzerwels
Corydoras duplicareus

GRÖSSE Bis 5 cm
VERBREITUNG Aus dem Oberlauf des Río Negro stammende Art (Río Poranga), in der Umgebung der kleinen Ortschaft Nobua Oba.
BESCHREIBUNG Sehr markant gemusterte Panzerwelse aus einer Gruppe von Arten um *C. adolfoi*, die alle am oberen Río Negro vorkommen. Bei *C. duplicareus* ist die schwarze Rückenbinde besonders intensiv ausgeprägt. Sie setzt an der vorderen Rückenflosse an und reicht bis zum Ende des Schwanzstieles. Eine kräftige, schwarze Augenbinde ist ebenfalls vorhanden. Zwischen beiden liegt ein auffälliger und unübersehbarer rotgoldener Fleck. Kopf und Körper haben eine milchig-weiße Grundfärbung. Die transparenten Flossen sind ebenfalls milchig angehaucht.
TEMPERATUR 23 bis 26 °C.
PFLEGE Gesellige kleine Panzerwelse, die man nicht mit allzu robusten Fischen zusammen pflegen sollte. Sonst relativ anspruchslos.
FÜTTERUNG Nehmen alle Futterarten, bevorzugen jedoch fleischliche Kost.

Metall-Panzerwels
Corydoras aeneus

GRÖSSE Bis 6 cm
VERBREITUNG Über den Norden Südamerikas von der Insel Trinidad über Brasilien bis Bolivien.
BESCHREIBUNG Entsprechend der weiten Verbreitung ist eine Vielzahl von Varianten bekannt, von denen einige als „neue Arten" beschrieben wurden, die heute jedoch als Synonyme angesehen werden. Die Art hat in allen Varianten einen kurzen, gerundeten Kopf. Die meisten Tiere zeigen eine Körpermusterung, bei der vom Kiemendeckelrand bis zum Schwanzstiel ein sich nach hinten verjüngender, keilförmiger schwarzer Streifen zeigt. Einige der Varianten zeigen darüber hinaus einen blau, grün, rötlich, gold oder gelb irisierenden Längsstreifen, der über, zuweilen aber auch unter der schwarzen Musterung liegt.
TEMPERATUR 22 bis 27 °C.
PFLEGE Alle Varianten der Art gelten als anpassungfähige, ausdauernde und gesellige Pfleglinge.
FÜTTERUNG Die Tiere stellen keine besonderen Anforderungen und nehmen willig die eingeführten Futterarten.

Agassiz' Panzerwels
Corydoras agassizii

GRÖSSE Bis 7 cm
VERBREITUNG Im Einzug des oberen Río Solimões (brasilianisches Grenzgebiet zu Kolumbien) bzw. Amazonas (Perú).
BESCHREIBUNG Grundfärbung über Kopf und Körper weißlich-beige. Der Körper ist mit unterschiedlich geformten Tüpfeln oder gebogenen kleinen Strichen überzogen (herkunftsabhängig). Die Bauchpartie bleibt ungemustert. Die Schwanzflosse ist schwarzweiß gebändert und die Rückenflosse im basalen Bereich rußig abgedeckt. Der vordere Stachel ist schwarz.
TEMPERATUR 23 bis 27 °C.
PFLEGE Die gedrungenen, aber stets emsig agierenden Panzerwelse sind im Gesellschaftsaquarium ideale Pfleglinge, wollen jedoch in einer größeren Gruppe gehalten werden.
FÜTTERUNG Man soll die Fische nicht allein mit dem zu ernähren versuchen, was von den Mahlzeiten für die übrigen Aquarienbewohner auf sie „herabgeregnet" ist, sondern ihnen auch einmal ein besonderes fleischliches „Leckerchen" anbieten.

Schwartz' Panzerwels
Corydoras schwartzi

GRÖSSE Bis 6 cm.
VERBREITUNG Im Einzug des unteren Río Purús.
BESCHREIBUNG Ein sehr häufig eingeführter Panzerwels. Das markanteste Merkmal sind die beiden schwarzen Tüpfelreihen, die ober- und unterhalb der Seitenlinie zum Ende des Schwanzstieles ziehen. Unterhalb des Rückenfirsts liegt eine weitere Tüpfelreihe. Eine breite schwarze Augenbinde ist vorhanden. Im Basisbereich der vorderen Rückenflossenstrahlen liegt ein schwarzer Fleck, der sich in den Rücken hineinzieht und ebenso den vorderen Dorsalstachel schwarz färbt. Ähnlich gemustert ist *C. parallelus.*
TEMPERATUR 23 bis 27 °C.
PFLEGE Die temperamentvollen „Wuseler" sind ausdauernde Aquarienfische. So hoch ihre Vermehrungsrate in ihrem natürlichen Lebensraum auch zu sein scheint, so wenig einfach scheint ihre Fortpflanzung im Aquarium zu gelingen, denn von ihr liest man in der Fachliteratur nichts.
FÜTTERUNG Anspruchsloser und jede Nahrung aufnehmender Panzerwels.

Hochrücken-Zwergbuntbarsch
Apistogramma eunotus

GRÖSSE Männchen bis 8,5 cm, Weibchen 4,5 bis 5,5 cm.
VERBREITUNG Vom Río Ucayali (Pucallpa, Perú) flussabwärts dem Einzug des Amazonas entlang (Río Tigre, Río Nanay, Río Yavarí, Leticia) bis etwa der Mündung des Río Japurá (Lago und Paraná do Amanã).
BESCHREIBUNG Ein im männlichen Geschlecht relativ großer, über Kopf, Körper und Flossen glänzender Zwergbuntbarsch von größerer Anpassungsfähigkeit. Die Grundfärbung von Kopf und Körper ist ein helles Beige, die von blauen, grünlich irisierenden Tönen überlagert ist. In Schwanz- und Afterflosse erkennt man eine rot und blau gestreifte Musterung.
TEMPERATUR 25 bis 27 °C; zur Zucht etwa 2 °C höher.
PFLEGE Die Haltung dieser Art ist relativ problemlos, und die Tiere lassen sich deshalb im Gesellschaftsaquarium mit einer entsprechend eingerichteten Landschaft (Höhlen!) gut pflegen.
FÜTTERUNG Nur fleischliche Lebend- oder Tiefkühlkost.

Schmetterlings-Buntbarsch
Microgeophagus ramirezi

GRÖSSE Männchen (rechts) bis etwa 5 cm, Weibchen (links)bis etwa 4 cm
VERBREITUNG Entlang des mittleren und unteren Río Orinoco (Venezuela) bis an den Rand des Deltas (eigene Belege zwischen Maturin und Tucupitá); darüber hinaus in einigen Regionen am Río Meta (Kolumbien).
BESCHREIBUNG Männchen: Kopf und Brust mit goldener Grundfärbung. Hinterkörper bei Wildfangtieren strahlend blau. Leicht transparente Flossen mit hellblauen Tüpfeln; je nach Herkunft mit Rottönen. Rotes Auge mit Augenbinde.
Weibchen: Die Tiere zeigen ein weniger intensives Blau und besonders über dem Vorderkörper kräftige goldgelbe Töne.
TEMPERATUR 25 bis 28 °C.
PFLEGE Für ein Paar reicht ein Becken von 50 bis 60 cm Länge. Das Wasser soll möglichst weich sein; pH-Wert leicht im sauren Bereich (6,8 bis 6,6). Boden aus Quarzsand. Einrichtung mit Verstecken aus Wurzelholz. Die Tiere suchen auch Sicherheit im Pflanzendickicht.
FÜTTERUNG Lebend- oder Tiefkühlfutter.

Trauermantelsalmer
Gymnocorymbus ternetzi

GRÖSSE Bis 5 cm
VERBREITUNG Bolivien, Brasilien, Paraguay.
BESCHREIBUNG Ein hochrückiger Salmler, der über eine sehr auffällige große Afterflosse verfügt. Der Vorderkörper ist bei jüngeren Tieren silbrig und mit zwei breiten schwarzen Streifen, die über der Bauchregion enden, gezeichnet. Tiefschwarz ist der hintere Körper einschließlich der Rücken- und Afterflosse gefärbt. Die Schwarzfärbung weicht mit zunehmendem Alter einem Anthrazitgrau. Die Afterflosse ist bei den zierlichen Männchen leicht vergrößert. Weibchen sind etwas größer und im Körper fülliger. Vom Trauermantelsalmler existiert eine Schleierzuchtform, die zur Zeit häufiger angeboten wird.
TEMPERATUR 22 bis 26 °C.
PFLEGE Der Trauermantelsalmler gilt als sehr unempfindlich. Die Tiere sind deswegen wie auch aufgrund ihres friedlichen Verhaltens zur Pflege im Gesellschaftsaquarium gut geeignet. Die interessante schwarze und graue Färbung bleibt bei gedämpfter Beleuchtung und nicht zu hellem Bodengrund gut erhalten.
FÜTTERUNG Die Fische nehmen Futter jeder handelsüblichen Art und von geeigneter Größe willig an.

Roter Neonsalmer
Paracheirodon axelrodi

GRÖSSE Bis etwa 4,5 cm.
VERBREITUNG In (bevorzugt linken) Nebenflüssen des mittleren und oberen Río Negro (Brasilien) sowie des oberen Río Orinoco (Kolumbien/Venezuela), dort bis etwa Puerto Ayacucho.
BESCHREIBUNG Rückenpartie bräunlich. Über die Flankenmitte zieht sich eine breite, himmelblau irisierende Binde von der Schnauzenspitze in den Schwanzstiel. Die untere Körperhälfte ist bis in die Schwanzflossenbasis hinein leuchtend rot gefärbt: Eine unübertroffene und vor allem sehr kräftige Farbkombination, die den Fischen zu ihrer weltweiten aquaristischen Verbreitung verholfen hat. Alle Flossen sind transparent.
TEMPERATUR 24 bis 28 °C.
PFLEGE Obgleich dieser Schwarmsalmler relativ anspruchslos erscheint, sollte man ihm trotzdem die nötige pflegerische Aufmerksamkeit zukommen lassen, ihn nur im größeren Schwarm und in möglichst weichem und leicht saurem Wasser pflegen.
FÜTTERUNG Diese schönen Tiere nehmen fast jede Art herkömmlichen feinen Aquarien-Fischfutters.

Lebensraum Wasser

Bei der Pflege von Diskusfischen ist neben der Ernährung die Qualität des Wassers eine wesentliche Voraussetzung für ein positives oder negatives Gesamtergebnis und -erlebnis. Die Qualität dient nicht allein dem ständigen Wohlbefinden der Pfleglinge, sondern vor allem auch der Fortpflanzungswilligkeit der Tiere. Die genaue Kenntnis der Wasserzusammensetzung, zumindest der wichtigsten Werte, ist daher für jeden Pfleger von Diskusfischen unabdingbar.

Sauerstoff – Luft zum Atmen

Zu den bekanntesten, im Wasser gelösten Gasen gehören Sauerstoff (O_2) und Kohlendioxid (CO_2). Von beiden lässt sich der Gehalt durch elektronische Messung kontrollieren.
Sauerstoff kann auf unterschiedliche Weise ins Aquarienwasser gelangen. Normalerweise nimmt das Aquarienwasser das Gas an der Oberfläche auf, nämlich dann, wenn es die Filterpumpe verlässt. Das ist der Grund dafür, dass die meisten Motorfilter mit unterschiedlichen Einspritzvorrichtungen ausgestattet sind. Sauerstoff löst sich in kühlerem Wasser besser als in warmem; das ist der Grund dafür, dass viele sprudelnde Gebirgsbäche über eine gute Sauerstoffsättigung verfügen. Tümpelgewässer – besonders wenn sie von der Sonne beschienen werden – können im Gegenteil recht sauerstoffarm sein.
Sauerstoff sorgt nicht allein für ein gutes aquaristisches Allgemeinklima, sondern kommt allen Lebewesen zugute, also auch Mikroorganismen wie bestimmten giftabbauenden Bakterienstämmen. Zudem beteiligen sich die Pflanzen an der Sauerstoffzufuhr, auch wenn ihr Eintrag meist relativ gering und als nicht ausreichend angesehen werden muss.

SAUERSTOFF-GEHALT Der Sauerstoffeintrag in den natürlichen Habitaten der Diskusfische kann, je nach Fließgeschwindigkeit und anderen Ursachen, recht unterschiedlich sein und reicht von 2,5 bis über 7,0 mg/l. Im Aquarium sollte er sich auf einen Wert zwischen 5,0 bis 6,5 mg/l einpendeln. Liegt er am Tage dauernd unter 4 mg/l, so muss man die Ursache herausfinden und sie schnellstmöglich abstellen. Sauerstoffmangel kann für die Fische zu einem Problem werden, und Diskusfische sind nicht, wie einige Welse oder Labyrinthfische, mit einer Möglichkeit zur Darm- oder Labyrinthatmung ausgestattet. Deshalb zeigen Diskusfische den Mangel an O_2 an, indem sie unterhalb des Wasserspiegels „hängen", als versuchten sie, atmosphärischen Sauerstoff von der Oberfläche aufzunehmen. In der Natur wären solche Fische raubvogelgefährdet. Wie gesagt, man muss zunächst der Ursache für diese Schwimmweise auf den Grund gehen, denn es gibt auch andere Gründe für ein Schwimmen an der Oberfläche (z.B. Vergiftung aus Stickstoffabbau, siehe auch Thema „Säuresturz"). Sauerstoffmangel behebt man am einfachsten durch einen Teilwasserwechsel.

Wasserhärte

Die amazonischen Gewässer sind bekannt für ihre Armut an Mineralstoffen (S. 17). Diese Armut drückt sich in weichem bis sehr weichem und noch mehr in extrem weichem

Diskusbiotop: Am relativ küstennah gelegenen Bett des Río Parurú zeigt der Tidenhub noch großen Einfluß auf den Stand des dunklen Wassers.

Wasser aus. Auch wenn schon mancher Aquarianer Diskusfische in härterem Wasser durchaus unproblematisch gepflegt hat: Für die Zucht von Diskusfischen ist sehr weiches Wasser unabdingbar. Warum das so ist, erfahren Sie im folgenden Abschnitt, in dem vom Osmotischen Druck die Rede ist.

Bleiben wir nun jedoch zunächst bei der Frage nach der Wasserhärte. Die Härte des Wassers wird hauptsächlich durch darin gelöste Kalzium- (Kalk-) und Magnesiumverbindungen verursacht. Bei der in der deutschen Aquaristik auch heute noch verwendeten althergebrachten Bemessung nach Graden deutscher Härte (°dG), entspricht 1 °dH 10 mg Kalziumoxid (CaO) je Liter. Bei den meisten aquaristischen Test-Reagenzien wendet man die sogenannte Komplexometrie an, die alle Kalzium- und Magnesiumverbindungen erfasst. Das kann zur Folge haben, dass – je nach weiteren Inhaltsstoffen – die Karbonathärte über der Gesamthärte liegt. Moderne Methoden der Wasseruntersuchungen, wie sie auch aquaristisch verwendet werden, ermöglichen es, den Anteil an Kalzium- und Magnesiumverbindungen ziemlich genau zu ermitteln.

Korrekturfaktoren für Leitwertmessung unterhalb oder oberhalb des Standardwertes von 25 °C

°C	Faktor
16	1,225
17	1,196
18	1,168
19	1,142
20	1,116
21	1,091
22	1,067
23	1,044
24	1,021
25	1,000
26	0,979
27	0,959
28	0,940
29	0,922
30	0,905

Beispiel:
Werden 90 µS/cm bei 29 °C gemessen, so lautet das auf 25 °C korrigierte Ergebnis 90 x 0,922 = 82,98 µS/cm.

Elektrischer Leitwert

Wasser kann elektrischen Strom leiten. Das sollte nicht nur der wissen, der die heute üblichen Sicherheitsvorkehrungen einmal nicht beachtet hat. Sehr weiches und somit mineralarmes Wasser ist ein schlechter Leiter. Je höher der Anteil an gelösten Salzen, Säuren oder Laugen, also je mineralhaltiger das Wasser ist, um so besser leitet es, und entsprechend höher ist die damit verbundene elektrische Leitfähigkeit. Sie beruht auf der Anwesenheit von Ionen (geladene Teilchen) und ist darüber hinaus abhängig von der Temperatur des Wassers. Leitfähigkeit und Temperatur stehen also miteinander in Beziehung, und die Leitfähigkeit nimmt mit steigender Wassertemperatur laufend ab. Gemessen wird in Mikro-Siemens pro Zentimeter (µS/cm). Moderne elektronische Messgeräte für die Aquaristik sind in der Lage, den Korrekturfaktor im angezeigten Ergebnis zu berücksichtigen. Für Messgeräte ohne diese automatiche Korrektur finden Sie die entsprechenden Korrekturfaktoren in der Tabelle.

FELDMESSUNG Wenn reisende Aquarianer unterwegs in Amazonien die Härte des Wassers messen, ziehen sie meistens der einfacheren Handhabung wegen einen elektronisch gesteuerten Leitwertmesser den

Im Haltungsbecken fühlen sich Diskusfische bei einem pH-Wert von 6,6–6,8 wohl.

pH-Messgerät

Tropfreagenzien vor. Was aber sagt das Messergebnis µS/cm über die Wasser-Gesamthärte aus? Da die Lebensräume der Diskusfische hier meistens sehr mineralarm sind, liegt auch das µS/cm-Ergebnis im tiefen Bereich (S. 17 – Werte z.T. fast im Bereich von destilliertem Wasser). Geht man davon aus, dass 1 °dGH etwa 30 bis 35 µS/cm entspricht, so ließe die letzte Zahl einen Wert von <1 °dGH erkennen.

pH-Wert

Die überwiegende Zahl amazonischer Gewässer, in denen bisher Diskusfische festgestellt wurden, weisen einen sauren pH-Wert auf. Was sagt der pH-Wert aus? Jedes natürliche Wasser enthält sauer oder alkalisch (basisch) reagierende Substanzen. Bedingt durch viele Laub- und Holzabsonderungen des Regenwaldes, vor allem aber

durch bestimmte Böden, hat das Wasser der meisten amazonischen Bäche, Flüsse und Seen einen sauren Charakter.
Die pH-Skala reicht von 0 (stark sauer) bis 14 (stark alkalisch). Der Neutralwert liegt logischerweise in der Mitte bei 7. Die Werte für die bekannten Diskusfischbiotope schwanken zwischen 5,0 und 6,6 (◉ S. 17). Ausnahmen sind gegeben!

Optimale Werte

Für ein normales Wohnzimmeraquarium reicht die obere pH-Grenze von 6,4 bis 6,6 . Will man Diskusfische zur Fortpflanzung bringen, so soll man – und das gilt besonders für *S. discus* aus dem Einzug des Río Negro – den Wert tiefer ansetzen, im letzten Fall auf etwa pH 5,8. Wie man frisches Diskuswasser aufbereitet, wird in einem späteren Abschnitt erklärt. Bei Werten unter 5,0 sind bei den Fischen Säureschäden nicht auszuschließen.
Weil der pH-Wert nie völlig konstant ist, muss er ständig kontrolliert werden. Eine solche Kontrolle ist besonders im Zusammenhang mit einem Teilwasserwechsel sehr wichtig, wenn das mit Stickstoff-Abbauprodukten belastete Wasser gegen frisches (nur bitte kein Wasser aus einer möglichen alkalischen Hausleitung!) ausgetauscht wird. Der eingependelte pH-Wert kann dann um viele Zehntel ansteigen, und jedes Zehntel gibt den doppelten Säurewert an – er potenziert sich! Eine Messung kann am sichersten auf elektronischem Wege oder auch (weniger genau) mit Indikatorflüssigkeiten oder Teststreifen (praktisch, aber noch weniger zuverlässig) erfolgen. Der aquaristische Fachhandel bietet alle an. Wollen Sie züchten, ist das Absenken des pH anzuraten.

REGULIERUNG DES PH Zwei Dinge müssen besonders beachtet werden: Das Absenken des pH-Wertes ist auf recht einfache Weise zu erreichen: Man verwendet dazu Torf – aber nicht etwa Gartentorf, denn dieser kann mit allen möglichen Stoffen „verbessert" worden sein, die sich für Aquarienfische als ungesund oder sogar tödlich erweisen könnten. Jedes aquaristische Fachgeschäft bietet Aquarientorf an und zwar in unterschiedlich starker Wirkungsweise. Davon gibt man eine der Aquariengröße angepasste Menge in ein kleines Netz (es kann ein ausgedienter Damenstrumpf sein) und hängt den Torf vor den Pumpen- oder sonstigen Wassereinlauf. Torf enthält bakterienhemmende Huminstoffe, die dem Wasser ein tropisches Milieu verschaffen, es begrenzt weicher machen und ansäuern. Möglicherweise bekommt das Aquarienwasser davon eine leichte Teefärbung. Anstelle des Torfes kann man auch Torfextrakt verwenden, wenn das Wasser kräftiger angesäuert werden soll. Man dosiert nach Angaben des Herstellers und sollte aus Gründen der Sicherheit auf laufendes Messen nicht verzichten. Zu starke und zu häufige pH-Wert-Schwankungen sind für die Fische schädlich! Torf gibt seine Säure nicht unbegrenzt ab. Nach 2 bis 3 Wochen erlischt seine Kraft, und er muss gegebenenfalls ausgewechselt werden.

Es gibt noch weitere Methoden der Wasseransäuerung, doch wer keine Erfahrung hat, sollte auf Experimente verzichten. Dieser Hinweis gilt besonders für die Zugaben von anorganischen Säuren (Phosphor-, Salpeter- oder Schwefelsäure). Sie können den Wert unerwartet schnell in Bereiche absinken lassen, die für Fische tödlich sind.

Säuresturz – starker Abfall des pH

Bei Pflegefehlern kommt es in manchen Aquarien zu ständigem oder auch plötzlichem Absinken des pH-Wertes. Bis zu einer nicht genau definierten Grenze zwischen 4,6 und 4,4 pH vertragen ausgewachsene Diskusfische den Abfall ohne messbare Folgeschäden (auch wenn er ihnen nicht sonderlich gut tut). Wird dem Wasser CO_2 zugeführt, so kann der Fehler, der zum Abrutschen des Wertes führt, in einer überstarken CO_2-Gabe zu suchen sein, wenn nicht genügend Karbonat zur Bindung des Kohlenstoffs im Wasser vorhanden ist. Es kann aber auch ohne CO_2-Gabe vorkommen, dass die Karbonathärte auf Grund der Nitrifikation absinkt und mit ihr der pH-Wert. Dieser Wert ist umso instabiler, je niedriger er ist. Hat sich die Karbonathärte der Null-Grenze genähert, so wird der pH-Wert des Wassers durch organische und anorganische Säuren bestimmt, was für die Fische schlimme Folgen haben kann. Zudem ist Nitrit bei niedrigem pH-Wert besonders toxisch. Funktioniert der biologische Abbau nicht, so führen die überhöhten Nitritwerte im Zusammenhang mit dem extremen pH-Wert bei den Fischen zu meist nicht wieder gutzumachenden Schäden. Durch regelmäßigen Teilwasserwechsel und eine gute biologische Filterung sollte eine derartige Panne nicht eintreten.

pH-Wert und CO_2

Normalerweise liegt der CO_2-Gehalt in gut geführten Aquarien und eines unbehandelten Aquarienwassers zwischen 2 und 20 mg/l. Am Abend fällt er, bedingt durch den Kohlenstoff-Verbrauch bei der Assimilation der Pflanzen am Tag. Nach der Dissimilation während der Nacht – auch die Pflanzen

„veratmen“ dann Sauerstoff und geben CO_2 an das Wasser ab – steigt er in den Morgenstunden wieder an.
pH-Wert, CO_2- Gehalt und Karbonathärte sind eng miteinander gekoppet. Eine Erhöhung des CO_2-Gehaltes bewirkt eine Ansäuerung des Wassers. Je höher der Härtegrad des Wassers, desto weniger frei verfügbares CO_2 ist im Wasser gelöst. Dieser Zusammenhang ist beim „Jonglieren“ mit den Wasserwerten und besonders auch bei einer eventuellen CO_2-Düngung zu beachten.

Leitstand für Wasserwerte in einer Profi anlage.

Nitrat

Unter dem Begriff „Wasserpflege“ versteht der Aquarianer die Gesunderhaltung des Wassers, wozu in erster Linie das Einhalten eines möglichst niedrigen Nitratwertes wichtig ist. In den meisten Diskusbiotopen herrscht eine absolute Nitratarmut vor, und ebenso möchten die Fische auch ihr Wasser im Aquarium haben. In der Regel lässt sich die Endstufe des Stickstoffabbaues, eben das Nitrat, nur mit größerem Aufwand aus dem Aquarienwasser entfernen. Preiswerter und wenig arbeitsintensiv ist ein regelmäßiger Teilwasserwechsel – selbst wenn man das (Leitungs-)Austauschwasser vor der Verwendung teil- bzw. vollentsalzen oder aus irgendeiner nahegelegenen Quelle herbeischaffen muss. Nitratarmut muss sein, nicht allein für das Zuchtwasser, sondern auch für das allgemeine Wohlbefinden amazonischer Fische. Der Nitratgehalt des Aquarienwassers lässt sich leicht mit den im Handel erhältlichen Reagenzien feststellen.

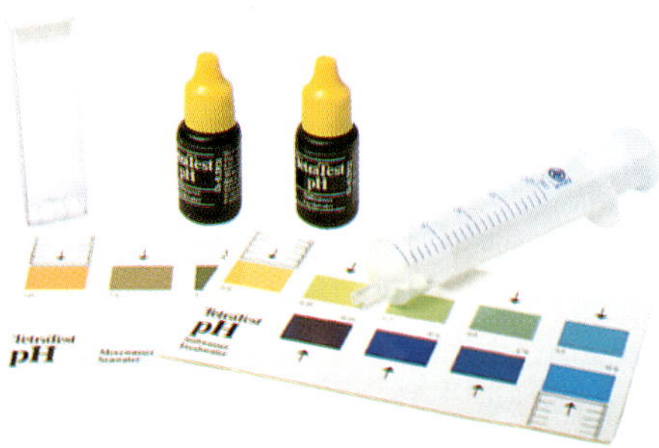

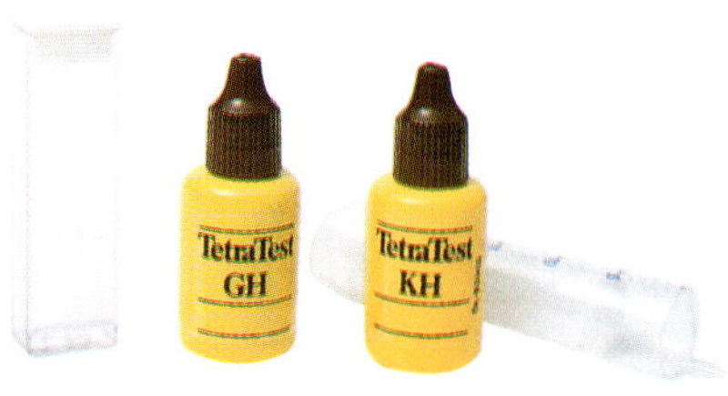

Testsets für die Bestimmung von pH-Wert und Wasserhärte.

Redoxpotential oder Redoxspannung

Ein Begriff, den viele Aquarianer weder kennen noch beachten. Was versteht man darunter? Er setzt sich zusammen aus Reduktion (das bedeutet Sauerstoffabgabe, Wasserstoffaufnahme und Elektronenaufnahme), Oxidation (dem Gegenteil dieser drei Vorgänge) und Potential (Leistungsfähigkeit).
Die meisten natürlichen Stoffe können sowohl in oxidierter als auch reduzierter Form vorliegen. Eine hohe Redoxspannung (früher Redoxpotential) führt am Ende zum vollständigen Abbau aller toten, abbaubaren organischen Substanzen und sorgt damit für reinstes Wasser. Umgekehrt resultiert aus einer niedrigen Redoxspannung eine Ansammlung von Fäulnisprodukten, wodurch sich giftige Substanzen wie Ammoniak aufbauen. In vielen Gewässern herrscht in den höheren Wasserzonen gewöhnlich eine höhere Redoxspannung als in oder über dem Bodengrund. Deshalb wirkt es sich günstig aus, wenn man im Aquarium den Bodengrund (wenn er denn sein muss) in die Filterung und die damit verbundene Wasserzirkulation einbezieht. Das muss wie im Falle eines Diskus-Gesellschaftsaquariums keinesfalls mit hoher Strömung erreicht werden.

NUTZEN FÜR DEN AQUARIANER Mit dem rH-Wert ist die Möglichkeit gegeben, die Redoxspannung im Aquarium zu beurteilen. Die rH-Skala reicht von Null (stärkste Reduktionswirkung) bis 42 (stärkste Oxidationswirkung). Dabei liegt der aquaristisch interessante Bereich zwischen rH 27 und rH 32 (oder noch darüber), also bei schwach bis mäßig oxidierend. Der rH-Wert ist stark vom pH-Wert abhängig. Man sollte deshalb beide im gleichen Maße für eine Messung heranziehen. So erlaubt beispielsweise die Höhe der Redoxspannung Rückschlüsse über den Stand der Oxidation von Ammonium über Nitrit zu Nitrat. Für Messungen im Aquarium empfiehlt sich ausschließlich die elektrische Redoxmessung.

CHECKLISTE

Optimale Wasserwerte

Einfache Hälterung
Temperatur: 26 bis 28 °C
Gesamthärte 6 bis 8 °dGH
elektr. Leitfähigkeit: 180 bis 250 µS/cm
pH-Wert: 6,6 bis 6,8

Zuchtaquarium
für *Symphysodon discus*
Temperatur: 28 bis 32 °C
Gesamthärte: 0 bis 1,5 °dGH
Karbonathärte: 0 bis 1,0 °dGH
pH-Wert: 4,8 bis 5,0

Zuchtaquarium
für *Symphysodon aequifasciatus*
Temperatur: 28 bis 30 °C
Gesamthärte: 0,5 bis 1,5 °dGH
Karbonathärte: 0,6 bis 1,0 ° dGH
elektr. Leitfähigkeit: 40 bis 60 µS/cm
pH-Wert: 5,8 bis 6,4

Keime, Keimzahl und Desinfektion

Ein wichtiges Kriterium für gutes Wasser ist die Keimzahl. Sie wird in KBE/ml ausgedrückt (KBE heißt koloniebildende Einheiten). Auf die Keimzahl müssen bereits die Wasserwerke achten, denn sie sind für eine gute Trinkwasserqualität verantwortlich.

Chlor

Zur Entkeimung von Trink-, Bade- und Gebrauchswasser werden dort meist Stoffe mit starkem Oxidationsvermögen verwendet.

TIPP

Kontrollieren und Messen

Man sagt, dass „alte Aquarianer" ein „Händchen" hätten, und zwar für alle Unbille, die einem mit seinem Aquarium widerfahren können. Wenn Sie, verehrter Leser, sich (noch) nicht dazu rechnen, so bleibt Ihnen der Weg des ständigen Kontrollierens und Messens leider nicht erspart. Man unterscheidet farbige Indikatorflüssigkeiten, Indikatorstäbchen und kleine, meist in einen kleinen Koffer verpackte Wasserlabors. Lassen Sie sich bei Ihrem aquaristischen Fachhändler beraten. Dazu kommen dann noch die teureren elektronischen Kurz- und Langzeit-Messgeräte. Für den Anfänger heißt es: Lieber einmal zu viel als einmal zu wenig messen. Mit der Zeit kommt dann die Routine und vielleicht auch das „Händchen".

In der Aufbereitungspraxis werden vor allem Chlor und seine keimtötend wirkenden Verbindungen sowie in steigendem Maße Ozon eingesetzt. Chlor, ein meist gasförmig eingesetztes chemisches Element, ist für die meisten Menschen bereits am Geruch erkennbar. Für unsere Aquarienfische muss Chlor als starkes Fischgift angesehen werden, das sie durch Kiemenverätzungen schwer schädigen oder gar töten kann. Das im Wasser gelöste Gas lässt sich durch vorbereitendes Entgasen „aussprudeln".
Eine Keimzahl von 10^2, wie wir sie im Trinkwasser antreffen (= 100 Keime je Milliliter), ist eine relativ niedrige Zahl, wie wir sie ähnlich auch in den meisten amazonischen Gewässern antreffen. Die Potenz-(Hoch-)zahl zeigt die Stufe der Verschmutzung eines Wassers an ($10^2 = 10 \times 10$; $10^3 = 10 \times 10 \times 10$ usw.). Dabei wird verständlich, wie schnell sich eine Einheit potenzieren bzw. vervielfälti-

Pflanzen können Nitrat aus dem Wasser aufnehmen und so die Wasserwerte positiv beeinflussen.

gen kann. In deutschen Flüssen und Seen sind Werte von 10^6 oder 10^7 (= 10 Millionen!) keine Seltenheit, was allein oberflächlich betrachtet den Unterschied zwischen diesen und den amazonischen Gewässern deutlich macht.

WIE DESINFIZIEREN? In der Süßwasser-Aquaristik griff man früher und greift man auch heute noch nur in Ausnahmefällen auf Ozon (O_3) zurück. Die Wasserbehandlung mit Ozon hat sich als eine zu riskante Methode zur Entkeimung herausgestellt. Ist das Ozon zu hoch dosiert, kann das Gas auch hier die Kiemen der Fische verätzen. Zudem stehen die von den Pflanzen benötigten Nährstoffe nicht mehr im benötigten Maße zur Verfügung, da sie durch das Ozon oxidiert werden.

Behandlung mit UV-Licht

In der Aquaristik und besonders auch bei den Diskus-Haltern und -Züchtern hat sich diese Methode durchgesetzt. Der Handel bietet Geräte in je nach Wasservolumen unterschiedlichen Leistungsstärken an, die hinter den Auslauf einer Motorpumpe eingebaut werden. Die UV-Lampe ist von einem doppelten, wasserdichten Glasmantel umgeben, durch den mit Hilfe der genannten Pumpe das Wasser (nicht zu schnell!) an der Lampe vorbeigeführt wird. Das kurzwellige und daher besonders energiereiche ultraviolette oder UV-Licht tötet alle im Wasser befindlichen und an der Lampe vorbeigeführten Keime (Einzeller, schwebende Algen, Bakterien, Pilze) ab. Auf diese Weise wird das Wasser geklärt und auch Trübungen, die auf starke Vermehrung von Einzellern zurückzuführen sind, werden schnell beseitigt. Menschen, Fische und andere Aquarienbewohner dürfen nie einer direkten Bestrahlung der UV-Lampe ausgesetzt sein, weshalb die Hersteller ihre Geräte mit einem entsprechenden lichtundurchlässigen Glas- oder Kunststoffmantel umhüllen. Man beachte in jedem Fall die Gebrauchsanleitung und warnende Hinweise.

Osmose und Osmotischer Druck

Der in der Aquaristik gelegentlich auftauchende Begriff vom Osmotischen Druck wird meist dann verwendet, wenn es darum geht, Zuchten von an Weichwasser gewöhnten Fischen so optimal wie möglich zu gestalten. Was also ist Osmose, was der Osmotische Druck? Unter Osmose versteht man das Durchdringen von Stoffen/Flüssigkeiten durch eine Membran. Biologische Membranen, wie man sie z.B. auch bei Fischeiern antrifft, sind meist nur für eine bestimmte Molekülgröße durchlässig. Man nennt sie „semipermeabel“. Die höher konzentrierte Lösung hat das Bestreben, sich zu verdünnen. Die Konzentrationsänderung findet dadurch statt, dass „Lösungsmittelmoleküle“ – in der Regel Wasser – der weniger konzentrierten Lösung durch die semipermeable Membran in die konzentrierte Lösung treten und diese verdünnen. Der Osmotische Druck

ist die Kraft, mit der das Wasser von der konzentrierteren Lösung durch die Membran „gezogen" wird.
Osmotische Vorgänge werden für die Eier der Diskusfische sehr bedrohlich, wenn die Eier, die eine schwächere Lösung enthalten, von einem „falschen", sprich zu mineralhaltigen Wasser umgeben sind. Um die äußere Lösung zu verdünnen, tritt Wasser aus den Eiern in die umgebende Lösung aus – die Eier sterben ab.

Umkehrosmose

Bei der Revers-, Gegen- oder Umkehr-Osmose, bei der mit Hilfe spezieller Osmosegeräte die Wasserqualität verbessert werden soll, erfolgt eine gewollte Umkehrung des vorher genannten Prinzips der Osmose. Dabei wird diesmal auf die höher konzentrierte Lösung ein Druck ausgeübt (Druckpumpe oder Wasser-Leitungsdruck), der größer als der normale Osmotische Druck sein muss. Nun treten – entgegen dem natürlichen Vorgang – die Wassermoleküle der höher konzentrierten Lösung durch die semipermeable (halbdurchlässige) Membran in die niedriger konzentrierte Lösung ein. Dabei wird das vorgereinigte Wasser dem Membranträger (Permeator) zugeführt. Ein Teil des Wassers tritt durch die Membran und lässt dabei die gelösten Stoffe zurück. Das so erzielte Reinstwasser nennt man Permeat. Es verlässt den Membranträger durch einen besonderen Auslass. Der Teil des Rohwassers, der zurückbleibt und in dem die zurückgehaltenen Salze nun stark konzentriert sind, nennt man Konzentrat. Auch dieses Wasser verlässt den Permeator. Da es jedoch unter erhöhtem Druck steht, muss dieser Auslass mit einer Druckhaltevorrichtung versehen sein.

EFFEKTIVE METHODE Hier soll zunächst einmal festgestellt werden, dass es falsch ist, die Umkehr-Osmose als Alternative zur bekannten Vollentsalzung mit Hilfe von Austauschharzen anzusehen! Bei diesem (wie der Name sagt) Austausch werden bestimmte An- und Kationen gegen andere ausgewechselt, wobei zum Beispiel Gifte wie Schwermetalle oder Herbi-, Fungi- und Pestizide nicht zurückgehalten werden. Eine vollständige Reinigung findet bei der Vollentsalzung also nicht statt, bei der Umkehrosmos hingegen

Osmose-Anlage für die Profi-Ausstattung

TIPP

Das richtige Zuchtwasser

Diese Methode, ein geeignetes Wasser für die Diskuszucht zu bekommen, funktioniert sehr gut:
Man fülle in ein Aquarium Osmosewasser mit einem Wert von ± 20 µS/cm ein und gebe bei kontinuierlichem Messen Leitungswasser nach, bis ein Wert von etwa 70 µS/cm erreicht ist. Nun ist der pH-Wert noch nicht in einem Bereich, wie er für die Fortpflanzung notwendig ist. Um ihn zu erreichen, füllt man guten Aquarientorf in einen Topffilter (Füllung entsprechend dem Wasservolumen ausprobieren) und lässt das Wasser so lange über den Filter laufen, bis sich ein Istwert von pH 5,8 bis 5,6 eingestellt hat. Möglicherweise sinkt der Leitwert mit der Torfbehandlung um 10 bis 15 µS/cm ab. Das Ziel „Zuchtwasser" ist dann erreicht, wenn das Aquarienwasser eine Zeitlang „eingelaufen" ist. Erst dann und unter ständiger Kontrolle der Werte können die Fische eingesetzt werden.

schon. Dabei ist die Umkehr-, Revers- oder Gegen-Osmose nichts generell Neues! Nur gab es in früheren Jahren Geräte, die nicht für die Aquaristik konstruiert waren, sondern eher für die Großindustrie. Entsprechend hoch waren die Preise. Heute ist das anders.

Moderne Geräte

Der „Filter", das Osmose-Modul, setzt sich aus der Wicklung von Membranen, Trägergewebe und weiteren Polysulfon- oder Polyamid-Schichten zusammen und wird als Permeator angeboten. Er wird um ein zentrales Reinwasser-Sammelrohr gewickelt, so dass sich Kanäle für das Rohwasser ergeben. Für das hindurchgedrückte, vorgereinigte Leitungswasser beträgt die Reinwasser- oder Permeatausbeute je nach Wertigkeit (und damit Preis) des Osmosegerätes bei einstufiger Schaltung zwischen 15 und 40 Prozent mit einem Elektrischen Leitwert zwischen 5 und 35 µS/cm. Der Rest geht als Konzentrat verloren bzw. kann für den Garten usw. weiterverwendet werden.

ALTERNATIVEN? Die Frage: „Muss ein normaler Diskusfisch-Pfleger unbedingt ein Umkehr-Osmosegerät besitzen?", kann man nur nach der Kenntnis der Leitungswasser-Qualität beantworten. Als Alternative bietet sich gutes Quellwasser an, wenn eine solche Quelle in der Nähe ist. Nur selten kann jedoch ein Züchter, der Wert auf eine produktive Nachzucht legt, das zur Verfügung stehende Leitungswasser direkt für den Zuchtansatz der Paare verwenden. Hier helfen entweder ein Mischbett-Entsalzungs- Ionenaus-

Zuchtwasser muss besonders sorgfältig aufbereitet werden.

tauscher, eine Zweisäulen-Vollentsalzungsanlage oder eben eine in der Leistungsfähigkeit unterschiedliche Osmoseanlage. Beim Kauf der letzten ist Wert darauf zu legen, dass möglichst viel Permeat und möglichst wenig Konzentrat aus dem Gerät entlassen wird. Das wird die häusliche Wasserrechnung in Grenzen halten.

WARNUNG Niemals darf eine Osmose- oder Vollentsalzungsanlage direkt an den Kreislauf eines Filtersystems angeschlossen werden! Die Anlage würde das Aquarienwasser bis zu einem destillatähnlichen Zustand entsalzen, was für die Fische meist tödliche Folgen hat.

Ionentauscher

Vollentsalzung kann auch heißen: Entfernen der im Wasser gelösten Salze mittels Ionenaustauscher, was heute am einfachsten im Mischbettsystem erfolgt. Diese Mischbett-Harze werden in einer Kunststoffsäule mit aufgesetztem Leitwertmesser geliefert, und die gleiche Firma bietet auch einen Regenerierservice an, denn diese Arbeit kann man nicht selber machen, weil vorher das Mischbett entmischt werden muss und erst dann jedes Harz separat regeneriert werden kann. Der Service der festen Umhüllung geschieht aber im Austauschverfahren – notfalls auf dem Versandweg. Man erkennt ein erschöpftes Mischbett, indem man den Leitwertmesser abliest, der dann nicht mehr die gewünschte Wasser-Endqualität liefert. Normalerweise liefert die Vollentsalzung fast salzfreies Wasser, das jedoch in diesem Zustand (0,5 bis 5,0 µS/cm) weder für die Fische noch für die Pflanzen bekömmlich, vielmehr lebensfeindlich ist.

Ähnliches ist nicht dasselbe!

Eine im Handel häufiger propagierte Regel lautet: Das entsalzte Wasser muss aufgemischt werden – doch tunlichst nicht mit Leitungswasser, denn damit führt man ihm wieder Stoffe zu, die man vorher entfernt hat. Man verwendet dazu neuerdings eine Kombination von Salzen (Kochsalz ausgenommen!), wie sie gut ausgestattete Fachhändler führen oder beschaffen können. Dieses Salz mischt man (nach Gebrauchsanleitung) vorsichtig unter, bis der erwünschte Leitwert (ca. 60 bis 70 µS/cm) erreicht ist. Diese These, ein fast salzfreies Wasser von ± 20 µS/cm mit einer Salzkombination auf den gewünschten µS-Wert zu bekommen, stimmt – ist aber für Diskusfische dann nicht ideal, wenn der Züchter Wert auf eine produktive Zucht legt. Andere Weichwasserfische wie Rote Neon kann man schon eher in diesem Wasser zur Fortpflanzung bringen.

DAS RICHTIGE ZUCHTWASSER Die folgende Methode eignet sich für die Aufbereitung des

Wassers für die Zucht hervorragend: Füllen Sie ein Aquarium mit Osmosewasser mit einem Wert von ca. 20 µS/cm und geben Sie bei kontinuierlichem Messen Leitungswasser zu, bie ein Wert von etwa 70 µS/cm erreicht ist.. Nun müssen Sie den pH-Wert einstellen. Füllen Sie Aquarientorf in den Filtertopf und lassen Sie das Wasser so lange über den Torf laufen bis ein Wert von pH 5,8 bis 5,6 erreicht ist. Dabei kann der Leitwert um 10 bis 15 µS/cm sinken. Das Ziel „Zuchtwasser" ist dann erreicht, wenn das Aquarium eine Zeit lang eingefahren ist und die Werte konstant bleiben. Dann können – unter ständiger Kontrolle der Werte – die Fische eingesetzt werden.

AKTIVKOHLE UND TORF Wer seine Diskusfische „nur" pflegen möchte und das möglichst nicht mit Wildfang-, sondern mit besser angepassten Nachzuchttieren, und keine züchterischen Ambitionen hat, der kann, ein nicht zu hartes Leitungswasser vorausgesetzt, dieses vor der Verwendung vorgereinigt über einen Aktivkohlefilter laufen lassen, wobei das Wasser weitestgehend entgiftet wird. Die Aktivkohle (etwa ein Liter auf 200 Liter Aquarienwasser) behält ihre reinigende Wirkung jedoch nur wenige Tage bei und ist bei vollem Einsatz im Filter nur etwa drei Tage voll aktiv. Danach ist sie bereits „beladen", also verbraucht und hat ihren Dienst erfüllt. Auch bei der Kohle gilt wieder, was für den Torf gesagt wurde: Nicht jede Aktivkohle ist für unseren Zweck geeignet! Die für die technische Industrie bestimmte mag zwar preisgünstiger sein, aber sie gibt zuweilen Stoffe wie Phosphate an das Wasser ab, die ein unerwünschtes Algenwachstum fördern oder die Fische schädigen können.

▸ SCHADEN	▸ URSACHE	▸ ABHILFE
starke Veralgung der Scheiben	**zu starker Lichteinfall von vorne oder von der Seite**	Standortwechsel
		Scheiben beschatten
kümmrige Pflanzen	**zu wenig Licht**	stärkere Beleuchtung
	zu wenig CO_2	CO_2-Düngung
Schneckenplage (Turmdeckelschnecken Melanoides tuberculata**)**	**zu viele Futterreste im Wasser**	Futtermenge reduzieren
		zusätzliche Welse als „Resteverwerter" einsetzen
hohe Nitratwerte im neu eingerichteten Aquarium	**unzureichende Besiedlung mit Abbaubakterien**	Aquarium mindestens zwei Wochen lang einfahren, noch keine Fische einsetzen
		mehr Pflanzen einsetzen
		häufige Kontrolle der Wasserwerte
hohe Nitratwerte im bereits eingefahrenen Aquarium	**natürliche Anreicherung über längere Zeit**	mehr Pflanzen einsetzen
		Teilwasserwechsel
	Futterreste	Mulm absaugen
		weniger füttern

SCHADEN	URSACHE	ABHILFE
zu hartes Wasser	**kommt so aus der Leitung**	Filterung über Torf
		Vollentsalztes Wasser bis zum gewünschten Wert aufbereiten
	kalkhaltiges Deko-Gestein (Test: schäumt beim Auftropfen von Salzsäure)	entfernen, danach Torffilterung oder Wasserwechsel
ph-Wert zu hoch (alkalisch)	**kommt so aus der Leitung**	Filterung über Torf
		Senkung der Wasserhärte (sehr hartes Wasser kann nicht dauerhaft angesäuert werden!)
		CO_2-Düngung
Wassertrübung	**zu viele Schwebstoffe im Wasser**	mechanischen Filter reinigen
		Mulm absaugen
		Teilwasserwechsel und/oder zusätzlich UV-filterung
Chlor im Wasser	**kommt so aus der Leitung**	Wasser vor der Verwendung entgasen lassen
		Vorgang durch Belüften beschleunigen

Angehendes Hochwasser am Río Negro: Nun ist der Tisch der Natur wieder reich gedeckt.

Abwechslung auf dem Speiseplan

Wer Fische im Gesellschaftsaquarium pflegt, der soll daran denken, dass unterschiedliche Arten auch einen unterschiedlichen Nahrungsanspruch haben und auch eine in gewisser Weise naturähnlich abwechslungsreiche Kost erwarten. Wer seinen Pfleglingen tagtäglich nur immer dasselbe Futter anbietet, der tut seinen Fischen damit keinen Gefallen. Es kommt dabei auch nicht auf die Quantität, sondern vielmehr auf die Qualität des Futters an!

Ernährung im natürlichen Lebensraum

Das Leben im einheimischen Biotop Südamerikas ist nicht immer so einfach, wie es manchem erscheinen mag. Die Nahrung ist saisonabhängig üppig oder auch weniger reichlich vorhanden. Wenn das Wasser hoch

In der Natur müssen Diskusfische mit sehr unterschiedlichem Nahrungsangebot auskommen.

in den Wäldern steht und die laubbedeckten Böden überflutet, entwickeln sich viele Kleinstlebewesen, und die Nahrungskette erstarkt bereits in ihren untersten Abschnitten. Zoo- und Phytoplankton bildet sich ebenso kräftig heran wie sich an neuen Plätzen Algen ansiedeln: Der Tisch ist für alle Lebewesen überreich gedeckt.

SCHWIERIGE BEDINGUNGEN Anders stellt sich die Ernährungslage dar, wenn sich das Wasser etwa ab Juli/August wieder zurückzieht. Die Wälder geben ihre Böden wieder frei, und die große Palette der Nährtiere schrumpft. Beschränkung ist angesagt. Das aber ist es nicht allein, denn es bilden sich Restwassertümpel und Lagunen an den Seiten der großen Gewässer. Hier droht vielen Fischen der Tod, denn mit der Sonnen einstrahlung verdunstet und entweicht das Wasser, während die mit eingeschlossenen Raubfische die kleineren Mitbewohner auffressen. Sind die Teiche und Tümpel schließlich nur noch knietief, kommen die vielen Watvögel und machen reiche Beute – bis sich eines Tages die hohe Zahl der eingeschlossenen Fische auf wenige Tiere dezimiert hat, die im Falle des Austrocknens dann auch noch sterben.
Wer rechtzeitig den Weg in die noch leicht strömenden Gewässer fand, muss sich neu orientieren und nach neuen Nahrungsquellen suchen, denn auch sie versiegen mehr und mehr. So kommt es, dass man bei

Büschelmückenlarve (Corethra)

Rote Mückenlarve (Zuckmückenlarve, Chironomus)

Salinenkrebschen (Artemia)

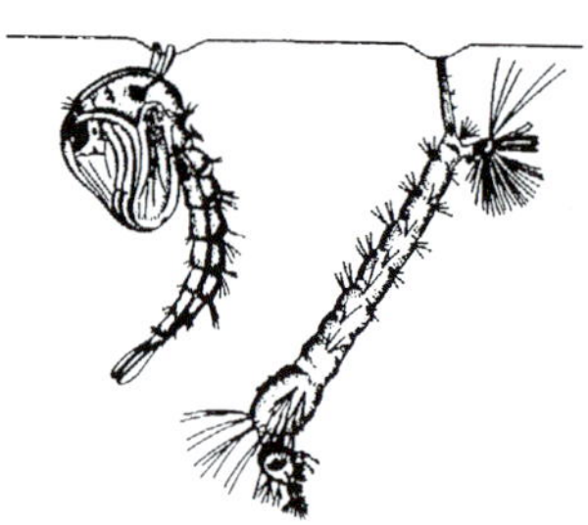

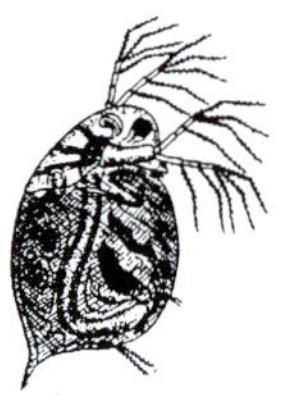

Wasserfloh (Daphnia)

Schwarze Mückenlarve, links als Puppe

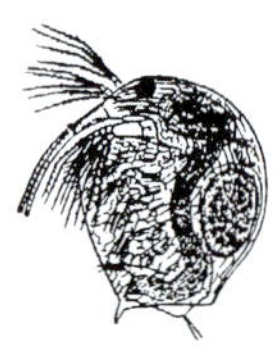

Rüsselkrebschen (Bosmina)

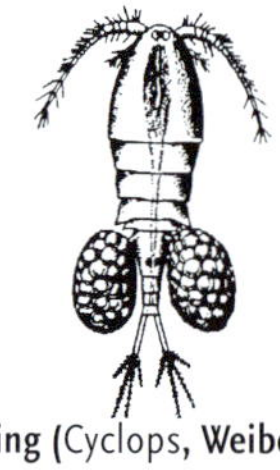

Bachröhrenwurm (Tubifex)

Hüfperling (Cyclops, **Weibchen)**

Diskusfischen, die bei niedrigstem Wasserstand gefangen werden, oft nur wenig nährstoffreiche Kost im Darm vorfindet, wie etwa Detritus, Rückstände von Schwämmen, Kieselalgen und andere Nahrung, weil die schnellen Schwimmer die beste Nahrung als erste finden. Die Diskusfische gehören meistens nicht dazu.

Ernährung im Aquarium

Grundsätzlich sollen alle Fische ein- bis zweimal am Tag gefüttert werden. Einen Wochentag kann man als „Diättag" einlegen, an dem die Fütterung unterbleiben soll. Jungfische bilden da eine Ausnahme. Ihre Aufzuchtaquarien sollen ihrer Größe angepasst sein. In dieser Behausung bekommen sie bei Profizüchtern zwar jeweils kleinere Futtermengen, dafür aber sechs- bis achtmal am Tag, denn das Futter soll stets frisch und schmackhaft sein. Wenn erwachsene Tiere gesund und nicht überernährt sind, werden sie nicht nur Appetit, sondern auch Hunger haben. Eine zu starke und vor allem zu einseitige Ernährung, der dann möglicherweise noch einige wichtige Nährstoffe fehlen, nützt den Tieren nicht. Viele unserer Aquarienfische sind in ihrem natürlichen Lebensraum ein Teil der Nahrungskette, in welcher der Stärkere den Schwächeren schluckt. Folglich hat die Fruchtbarkeit der einen Art eine regulierende Wirkung auf die Populationsdichte einer anderen, die vorzugsweise von ihr lebt. Im Aquarium geschieht das Fressen und Gefressenwerden nur in Ausnahmefällen.

Ernährung im Gesellschaftsaquarium

Abschließend möchte ich noch einmal auf die Ernährung aller Fische im Gesellschaftsaquarium zurückkommen: Auch für sie gilt der Hinweis, sie möglichst abwechslungsreich zu füttern. Wer die Möglichkeit hat, gelegentlich zu tümpeln, der kann diese Art der Futterbeschaffung wahrnehmen, doch soll auch dieses Futter nur aus unbelasteten Waldteichen entnommen werden (in Teichen der Innenstädte gibt es zuweilen unkontrollierte Einleitungen).

▶ **FUTTERBREI** Der Futterbrei auf Rinderherzbasis bietet sich in einem Gesellschaftsaquarium mit Bodengrund nicht an. Die Futterreste können nicht enfernt werden und belasten das Wasser. Sie müssen also die Diskus-Fische an anderes Futter – also Flocken, Tiefkühl- oder Lebendfutter – gewöhnen, das für alle anderen Mitbewohner im Aquarium ebenfalls bekömmlich ist.

▶ **FROSTFUTTER** Gefrostetes Futter hat sich als ideale Nahrung auch für die Fische herausgestellt, die auf fleischliche Kost nicht verzichten (z. B. Zwergbuntbarsche, Skalare, Diskusfische). Dazu gehören alle Typen von Mückenlarven. Wer die Verfütterung von Roten Mückenlarven und ihre möglichen Folgen kennt und dagegen ausprobieren möchte,

In einem unbelasteten Gewässer können Sie selbst Lebendfutter für Ihre Fische fangen.

Nährwertgehalte in Prozent der Frischsubstanz (nach Bremer, 1997)

Futter	Wasser	Protein	Fett
Eintagsfliegenlarven	86	8	2
Flohkrebse	86	7	7
Hüpferlinger	83	9	2–3
Mücken-Larven schwarz	82	10	4
Mücken-Larven rot	88	6	2
Regenwürmer	79	11	2,5
Rinderherz (Muskel)	74	20	3–4
Wasserflöhe	95	2,5	1
Weißfische	78	16	1,5

Überfütterung schadet nicht nur den Tieren, sondern auch der Wasserqualität.

wie den Fischen Weiße Mückenlarven schmecken, sollte bedenken, dass diese nicht sofort absinken, sondern in den obersten Wasserschichten verweilen, die viele Fische nicht gern aufsuchen und eher meiden.

▶ **TROCKENFUTTER** Trocken- oder Flockenfutter gibt es grundsätzlich in zwei Varianten: gefriergetrocknet und warmgetrocknet. Man kann sie noch so „schön reden" – sie müssen ein, wenn auch zuweilen gern genommenes, Ersatzfutter bleiben. Beim Trocknungsprozess, gleich auf welche Weise, werden verschiedene Inhaltsstoffe nachteilig verändert. Auch dieses Futter soll – wie im Grunde auch alle übrigen – niemals überdosiert werden. Futter, das ungefressen verdirbt, belastet das Wasser.

Für alle getrockneten Futterarten sollte der Handel nur Packungen verkaufen, auf denen die Inhaltsstoffe und die Art ihrer Verarbeitung angegeben sind. Nur so kann man die guten von den weniger guten und diese von den schlechten Futterarten unterscheiden. Einige, meist aus Südostasien stammende namenlose Sorten, erfüllen jedenfalls die gewünschten Anforderungen sicherlich nicht.

Zusammensetzung der Nahrung

Die Nahrung setzt sich in der Hauptsache aus Kohlenhydraten, Fetten und Eiweißen (Proteinen) zusammen. Die notwendigen Vitamine werden mit der Nahrung aufgenommen und müssen normalerweise nicht gesondert zugefüttert werden. Diese Nährstoffe sind in den aufgenommenen Nährtieren, grünen und roten Algen, Detritus usw. enthalten, wenn auch in oft recht unterschiedlicher Dosierung. Alle natürlichen Nährtiere bestehen zum überwiegenden Anteil aus Wasser, und die meisten enthalten dazu relativ wenig Fett, dagegen viel Eiweiß. Das letzte hat die Funktion von Baustoffen, kann aber auch, wenn ein Mangel an Kohlenhydraten und Fetten vorherrscht, zur Energiegewinnung herangezogen werden. Wer sich schon mit der Ernährung der Diskusfische näher befasst hat, weiß, dass bei den meisten Züchtern ein Nährbrei auf der Basis von fein gemahlenem Rinderherz mit unterschiedlichen Zusätzen der Schwerpunkt dieser Ernährung darstellt. Im Gesellschaftsaquarium reicht diese Nahrung nicht nur nicht aus, sie kann auch – schon in einer leicht überhöhten Menge gereicht – zu einer ungewollt schnellen Verunreinigung des Wassers und der erwähnten Schneckenplage führen. Mit anderen Worten: Im Gesellschaftsaquarium heißt es, wohldosiert füttern und gleichzeitig die Nahrungswünsche aller abdecken.

BALLASTSTOFFE Bei der Ernährung von Mensch und Tier ist von Ballaststoffen die Rede. Dabei handelt es sich um unverdauliche Nahrungsteile, welche die wellenförmige, durch Zusammenziehen des Darmes erreichte Fortbewegung (Peristaltik) anregen und schließlich ausgeschieden werden. Ballaststoffe sind in vegetarischer Kost enthalten, und die relative Länge des Darmes mancher Fische lässt erkennen, dass sie sich überwiegend von pflanzlicher Kost ernähren. Nach den mir vorliegenden Untersuchungen ist anzunehmen, dass der sogenannte Heckel-Diskus (*Symphysodon discus* Heckel) allgemein mehr pflanzliche Kost zu sich nimmt als sein naher Verwandter *Symphysodon aequifasciatus*.
Was hier gesagt wurde, gilt nicht für die Aufzucht von Jungfischen, wenn diese in einem speziellen Aufzucht-Aquarium untergebracht sind. Lesen Sie dazu ab S. 110.

Nahrungsbrei für Diskusfische

TIPP

Rezept für 500 g entfettetes Rinderherz
Das gesäuberte Fleisch wird mit einem Hausmixer mehr oder weniger fein gemahlen (Jungfische mögen es feiner) und vermischt mit
1 Eigelb
100 g ebenso gemahlenem Spinat
20 g gemahlener grüner Paprika
1 Esslöffel reinem Karottensaft (der mit etwas Vollmilch gebunden wurde, um besser vom Darm der Fische aufgenommen zu werden) sowie einem Schuss Lebertran.
Alles wird am Ende gut durchgemischt, darauf zu mehreren, nicht zu großen dünnen Platten geformt und gefrostet. Zum Verfüttern kann jeweils eine gewünschte Portion abgebrochen werden.

Rezept des Züchters Willy Brockskothen
Zu 500 g gut gereinigtem und entfettetem Rinderherz fügt man zu:
80 g zermahlenen Spinat
20 g zermahlene Petersilie
etwas Karottensaft wie vor
40 g zermahlene Paprikaschoten (rot und grün)
1,5 g Vitakalk®
1 g Osspulvit® und (wichtig!)
150 g Rotbarschfilet (zermahlen)
Man vermischt alles gut und gibt die daraus gewalzte(n) Platte(n) in den Froster.

Selbstverständlich gibt es längst fertige Präparate dieser Futterart im Handel. Lassen Sie sich im Zweifel bei der Auswahl von einem Zoofachhändler beraten. Trotzdem haben „eingefleischte“ Aquarianer oft das Bedürfnis, die Nahrung für ihre Lieblinge selbst herzustellen, weil sie befürchten, dass in diesem oder jenem Fertigfutter nicht alle die von ihnen erwünschten Zutaten vorhanden sind.
Vor der Zubereitung müssen Fett- und Bindegewebe vollständig entfernt werden, bevor man darangeht, das Fleisch des Herzmuskels mit dem Heimmixer oder einem Fleischwolf möglichst fein zu zerkleinern. Herzmuskelfleisch eignet sich deshalb so gut, da hier kaum Fett eingelagert wird. Die Fasern sind fast zehnmal dünner als bei Skelettmuskulatur und können so besonders leicht verdaut werden.

Zahllose Varianten

Studiert man den Katalog der Zutaten, die von verschiedenen Züchtern dem Nahrungsbrei zugegeben werden, so findet man bei einigen kaum zu vermutende Zahlen (bezogen auf 1 kg Herz): 200 g tiefgekühlte ausgewachsene Artemia (Salinenkrebse), 2 Eigelb, Osspulvit (ein Kalzium- und Knochenaufbaupräparat), Knoblauchölkapseln mit Weißdorn und Mistel oder Knoblauchgranulat und schließlich gemahlene Putenherzen anstelle von Rinderherz. Da Diskusfische in ihrem Lebensraum zudem kleinbleibende wie auch junge Garnelen auf ihrem Speiseplan haben,

kann man selbstverständlich auch sie entweder der Masse zufügen oder, was vielleicht sinnvoller ist, mit gemahlenen Garnelen einen separaten Brei anrichten. Man muss den Geschmack der Fische testen und wird erstaunt sein, was Diskusfische nach einer gewissen Gewöhnung alles und auch gern fressen. Wer in Küstennähe lebt, kann selber Mysis oder Neomysis mit dem Netz fangen und mitverarbeiten. Da jedoch die meisten Aquarianer im Binnenland leben, werden sie auf geschälte bzw. gebrühte Bachflohkrebse zurückgreifen müssen, die der aquaristische Futterhandel gefrostet anbietet (evtl. bestellen). Natürlich kann man auch das Fleisch größerer, geschälter (aber sonst unbehandelter) Garnelen aus der Feinkosttruhe verwenden. Nur einVersuch macht klug!

ZUM THEMA LEBENDFUTTER Erfahrene Diskuszüchter haben Rote Mückenlarven wie auch Tubifex, weil sie oft aus stark belasteten Gewässern kommen, aus dem Ernährungsprogramm ihrer Tiere gestrichen. Sie könnten mit ihrer Verfütterung die Ursache für bestimmte Erkrankungen sein. Wer ihre Verfütterung dennoch nicht unterlassen möchte, der sollte Tubifex zwei bis drei Tage in tropfendem Wasser halten und mit täglichem Durchspülen die belasteten Inhalte ihres Darmes entfernen.

Für die Fütterung von Jungfischen gelten andere Regeln.

Wann? Wie oft? Wie viel?

Soll man im Aquarium Fütterungszeiten einhalten? Fragen Sie sich selbst: Bevorzugen Sie ein regelmäßiges Essen? Man kann hier nicht mit dem natürlichen Lebensraum vergleichen. Leben Fische im Naturbiotop schon „Energie sparend", so tun sie das im Aquarium erst recht. Andererseits sprechen wir bei Fischen oft von einer „inneren Uhr". So wissen sie, wenn sie immer pünktlich ihr Futter bekommen, genau, wann „ihre Zeit" gekommen ist. Wer heranwachsende Fische zweimal am Tag füttert, soll ihnen nicht zu viel Futter geben. Muss der Pfleger tagsüber seinem Beruf nachgehen und die Fütterungszeit richtet sich nach diesen Zwängen, so soll er seinen Fischen einen „Wach-auf-Vorsprung" geben und erst eine Stunde nach dem Aufgehen der Sonne (Einschalten des Lichts) füttern bzw. am Abend spätestens eine Stunde vor dem Abschalten der Lampen füttern. Es ist sinnlos, daran zu glauben, die Fische würden ein Zuviel an Futter im Laufe der kommenden Stunden wegfressen. Dieses Futter verdirbt und belastet das Wasser!

Wohldosiert füttern

Diskusfische im Spezialaquarium zu füttern ist die eine Sache, Diskusfische und Mitbewohner aus unterschiedlichen Lebensräumen gemeinsam zu ernähren eine andere. Füttert man Diskusfische in einem bodengrundlosen Spezialaquarium, in dem man jeden Tag den Mulm oder Futterreste absaugen kann, so bleibt das Aquarium weitestgehend frei von übriggebliebenem Futter. Ein Gesellschafts-

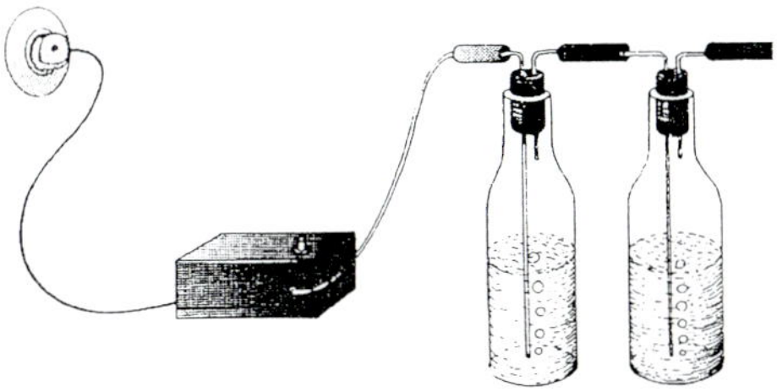

Artemia-Cysten lassen sich mit Hilfe eines Kulturgerätes und einfachen Wasserflaschen problemlos erbrüten.

Flockenfutter – achten Sie auf das Verfallsdatum.

INFO

Futter- und Wasserqualität

- Auch Trockenfutter altert, vor allem dann, wenn die Dose in einem warmen, von feuchter Luft beeinflussten Raum offen steht. Ist die Dose geöffnet, so beginnt die Uhr des Verfallsdatums zu tikken! Verfüttern Sie das Futter nach Ablauf des Verfallsdatums nicht mehr.
- Futter, Fütterung und die davon beeinflusste und schließlich abhängige Qualität des Aquarienwassers sind die bestimmenden Elemente der Aquarienökologie!
- Einen Fastentag pro Woche einzulegen, weist nicht auf Faulheit des Pflegers hin. Sie tun vielmehr etwas für die Wasserqualität und damit auch für das Wohlbefinden der Fische.

aquarium dagegen ist mit einem Sand- oder Kiesgemisch als Bodengrund ausgestattet. Wenn man in einem solchen Aquarium den Diskusfischen Futterbrei als Nahrung reichen würde, mögen zwar auch andere Mitbewohner den einen oder anderen Happen davon nehmen, die feinen Reste aber, die sich zwischen den Steinchen am Boden absetzen und nicht aufgenommen werden können, werden eine sehr geschätzte Nahrung der Schnecken, oder sie verfaulen im Boden. Es sind meist die nachtaktiven Indischen Turmdeckelschnecken *Melanoides tuberculata*, die sich bei zu reichlicher fleischlicher Ernährung sehr stark vermehren. Normalerweise stellt man das kaum fest, weil die Tiere immer nur nachts an die Oberfläche kommen – dann aber möglicherweise zu Tausenden! Wenn Sie nicht an die Massenvermehrung der Schnecken glauben, bewaffnen Sie sich einmal mit einer Taschenlampe und schauen zwei bis drei Stunden nach Abschalten des Lichtes nach. Sie werden vielleicht staunen… Ein weiterer negativer Aspekt der Überfütterung: Es kann sich an einigen Stellen Faulschlamm bilden, der gelegentliche Blasen aufwirft und stinkt.

Vorbeugen ist besser als heilen

Die beste Gesundheitsvorsorge sind ein waches Auge und die regelmäßigen Pflegemaßnahmen im Aquarium.
Unterhält man sich gelegentlich mit einigen aquaristisch Unwissenden, so glauben diese, dass es viel Arbeit macht, ein Aquarium ordentlich zu unterhalten. Aquaristik zu betreiben ist im Zeitalter der Computer und sonstiger High-Tech-Möglichkeiten auch dann nicht schwierig, wenn man auf all die modernen „Zutaten" verzichtet. Eines der hilfreichsten Instrumente (und dennoch das preiswerteste) ist eine elektrische Schaltuhr, mit der man den Fischen im Aquarium naturgerecht die Illusion eines tropischen Sonnentages vorgaukeln kann. Ansonsten tun die wenigen, vorher angesprochenen technischen Hilfsmittel Heizung und Filter ihren Dienst. Sie kannten bereits unsere Großväter und sind also nicht neu – höchstens durch ihre moderne Konstruktion komfortabler. Welche Arbeit bleibt nun noch für den Aquarianer übrig?

CHECKLISTE

Gesunde Diskusfische

- Gesunde Fische erkennt man nur bei genauem Hinsehen. Achten Sie vor allem auf den Kopf, die Bauchregion und die Flossen.
- Schauen Sie den Kopf von den Lippen bis hinter die Kiemen an: Feine kraterartige Löcher, die sich besonders gerne auf dem „Nasenrücken" befinden, können Vorboten der Lockkrankheit sein. Die Augen müssen klar sein.
- Ein eingefallene Bauchpartie zeugt von einem schlechten Ernährungszustand des Fisches. Entweder wurde er nicht artgerecht ernährt oder aber kann er aus Krankheitsgründen keine Nahrung aufnehmen.
- Die Flossen müssen unverletzt sein, sollen nicht geklemmt werden und dürfen keine weißen, pilzartigen Beläge oder Auswüchse zeigen.

Ein täglicher Blick kann genügen

Mein erster Blick nach dem Aufstehen – noch bevor ich ins Bad gehe – gilt den Fischen im Aquarium. Sie sind bereits eine Stunde vor mir von den Lampen aufgeweckt worden und schauen der frühen Fütterung erwartungsvoll entgegen. Schon der erste Blick in die Aquarien sagt mir, ob irgendetwas nicht funktioniert. Dann allerdings hieße es, einzugreifen und den Fehler zu beseitigen. Nach dem Bad sind dann die Fische an der Reihe und erhalten ihr Futter.

Regelmäßiger Teilwasserwechsel

Was den Fischen gut tut, sollte man nicht auf die „lange Bank" schieben und von vornherein fest in den Wochenendplan einkalkulieren. Mit ein wenig Voraussicht kann man diese Arbeiten auf ein Minimum an zeitlichem Aufwand reduzieren.
Der Austausch des Wassers soll so durchgeführt werden, dass der Bodengrund nicht aufgewirbelt wird. Bei oder während dieser Arbeit können dann auch überlange Triebe an

Ein genauer Blick informiert über den Gesundheitszustand der Fische.

Artgerechte Pflege und Fütterung sind die Voraussetzung für gesunde Fische.

den Pflanzen gekappt oder Adventivpflanzen neu eingesetzt werden. Eine Arbeit, die keinem Naturfreund Verdruss bereiten sollte.

NICHT NUR WASSER AUFFÜLLEN

Es reicht für den Teilwasserwechsel nicht aus, verdunstetes Wasser nachzufüllen, sondern es soll ein bestimmter Teil (20 bis 30 %) des Wassers (berechnet auf den normalen Wasserstand) ausgewechselt werden. Beim Verdunstungsprozess verdunstet immer nur das Destillat – also nicht die Salze. Sie verbleiben im Aquarienwasser und werden erst mit dem Teilwasserwechsel in der gewechselten Menge entfernt. Wer immer nur verdunstetes Wasser nachfüllt und zwar nicht mit destilliertem, der erhöht nach und nach den Salzgehalt des Wassers.

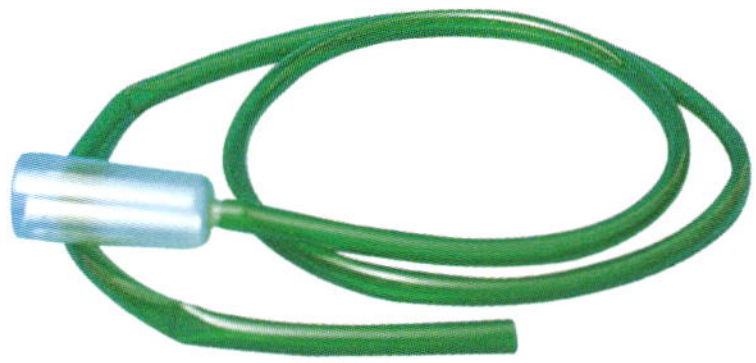

Zubehör für die Aquarienpflege: Magnet-Scheibenreiniger, Mulmabsauger, Eimer und Schlauch.

WASSERWERTE MESSEN

Nach getaner Arbeit und durchgeführtem Teilwasserwechsel ist die beste Zeit gekommen, einmal grundsätzlich die gewünschten Wasserwerte zu kontrollieren. Natürlich gibt es Instrumente für Dauertests, bei denen die eingetauchte Mess-Elektrode ständig untergetaucht bleibt und auf diese Weise der Ist-Wert sogleich ablesbar ist. Es gibt sogar Messcomputer, auf deren Display man zugleich nicht nur alle Werte ablesen, sondern die diese Werte bei Bedarf auch in die gewünschte Richtung steuern und verändern können. Nun, aber auch hier gilt die Tatsache: je höher der Anspruch, um so höher der Preis.

TIPP

Filterreinigung

Nicht nur das Aquarium, ebenso häufig sollte auch das reinigende Filtermaterial vorsichtig gesäubert werden. Der von ihm zurückgehaltene Dreck befindet sich auch innerhalb des Filtertopfes immer noch im Kreislauf, und seine Zersetzung beeinflusst weiterhin das Aquarienwasser! Um die wichtigen, dem Filtermaterial anhaftenden Bakterien nicht völlig abzuspülen oder durch Überhitzung zu töten, soll die Reinigung vorsichtig mit lauwarmem Wasser, niemals aber mit irgendwelchen Reinigungs- oder Desinfektionsmitteln erfolgen.

Gerätekontrolle

Auch zur Kontrolle der technischen Geräte bedarf es nicht viel Zeit. Man sollte jedoch nicht warten, bis sich ein Fehler zeigt – meist samstags, wenn die Geschäfte bereits geschlossen haben! In den vielen Jahren, in denen ich mich um das Wohl meiner Fische zu kümmern habe, gab es zuweilen derartige Pannen, weshalb ich von den wichtigsten Ersatzteilen oder ganzen Geräten immer einige in einem Schrank abgestellt habe, um sie gegebenenfalls in Aktion treten zu lassen oder montieren zu können. Ein Hinweis für die Interessenten sogenannter Two-in-One-Geräte: Hat man zum Beispiel eine Filterpumpe mit eingebauter Heizung, so muss man damit rechnen, dass, hat die Pumpe einen Defekt, man damit zwangsläufig auch die Heizung zur Reparatur weggeben muss. Ein Reparaturset sollte also greifbar sein.

Vor jeder Behandlung steht die extakte Diagnose – am besten durch den Fachmann.

Exakte Diagnose

Dieses Thema kann man in diesem Buch nur knapp streifen, so dass ich mich hier lediglich auf einige der häufigsten Erkrankungen beschränken muss.
Diskusfische können von Krankheiten oder von Plagegeistern befallen sein, deren bekannteste jeder, der sich mit Diskusfischen beschäftigt, kennen und über ihre Bekämpfung etwas wissen sollte. Nun können Fische uns leider nicht erklären, was sie plagt. Deshalb ist vor einer gezielten Behandlung immer eine exakte Diagnose wichtig – und für den Fisch oft lebensrettend. Das ist nicht immer einfach, denn bis eine Erkrankung oder ein Befall sich zeigt, ist meist bereits einige Zeit vergangen. Außerdem kann ein Symptom auf verschiedene Krankheiten hindeuten, und unterschiedliche Erreger – Viren oder Bakterien – sowie Parasiten können die Ursache für Erkrankungen sein. Hier ist deshalb der Fachmann gefragt. Bevor Sie Ihre Fische mit irgendeinem Mittel behandeln, holen Sie sich Rat ein. Es gibt auf Fische spezialisierte Tierärzte und Fischgesundheitsdienste (Adressen im Serviceteil), die Ihnen weiterhelfen können.

Parasiten

Zu den drei häufigsten Parasiten gehören Kiemenwürmer, Bandwürmer und Darmflagellaten. Dazu kann sich in einem Gesellschaftsaquarium schnell noch ein „Ichthyo" (*Ichthyophthirius multifilis* – ein einzelliger Parasit) ausbreiten, der dann alle Tiere befällt und sie schlimmstenfalls töten kann. Eine Ichthyo Behandlung ist relativ einfach, und jedes aquaristische Fachgeschäft bietet ein Mittel dagegen an. Der Ichthyo zeigt sich durch einen anfangs noch schwachen Belag grieskornartiger weißlicher Erhebungen (0,5 bis 1,5 mm), die sich von Tag zu Tag schnell vermehren und dann nicht nur die Oberhaut bedecken, sondern sich auch in den Kiemen festsetzen. Die behandelnden Gegenmaßnahmen müssen sofort nach einer dem Mittel beigegebenen Gebrauchsanweisung einsetzen. Eile ist geboten! Doch auch hier ist wichtig: Die Diagnose muss stimmen.

Kiemenwürmer

Bei Kiemenwürmern handelt es sich um sogenannte Ektoparasiten (ekto = außen, außerhalb). Ektoparasiten leben außerhalb des Wirtes, meist auf der Haut, im Falle des Kiemenwurmes allerdings in den Kiemen. Jeder, der über ein kleines Mikroskop verfügt, könnte bei seinen Tieren einen vorsichtigen Abstrich über die Kiemen machen und die Parasiten identifizieren. Diese Saugwürmer sind nur ein bis zwei Zehntel Millimeter groß. Ihr Vorderende ist vierzipflig und mit Klammerhaken ausgestattet, mit denen sie sich in den Kiemen verankern. Durch dieses Verankern in den Kiemen werden diese geschädigt und können nicht mehr genug Sauerstoff aus dem Wasser aufnehmen. Einen Befall mit Kiemenwürmern zeigen die Fische durch Scheuern im Bereich der Kiemen an, zudem stehen sie, wenn der Befall bereits weiter fortgeschritten ist, mit verschleimten und weit abgespreizten Kiemen schwer atmend unter der Wasseroberfläche. Aber Achtung! Dies muss nicht immer ein Hinweis auf Kiemenwürmer sein. Sehr viel häufiger und nahliegender sind schlechte Wasserwerte. Also: Messen und korrigieren Sie diese, bevor Sie zu Medikamenten greifen.

FORMALINBAD In Gesellschaftsaquarien können auch andere Fische von diesen Parasiten befallen werden. Die Parasiten vermehren

sich durch Eier. Sie können in jedes Aquarium durch neu hinzugesetzte Mitbewohner eingeschleppt werden. Zu ihrer Bekämpfung hat sich im Verlaufe der Jahre für Diskusfische das Formalin-Bad als die vorerst beste Bekämpfungsmethode herausgestellt. Es kann jedoch nur angewendet werden, wenn die Fische keine Hautverletzungen aufweisen. Die verschreibungspflichtige Substanz Flubendazol (früher auch das inzwischen nicht mehr erhältliche Masoten) konnte sich insofern letztlich nicht durchsetzen, da sich nach der Behandlung resistente Stämme gebildet haben. Inzwischen sind allerdings auch Formalin-Resistenzen bekannt. Formalin ist die wässerige Lösung des gasförmigen Formaldehyds, ein farbloses, stechend riechendes Zellgift, das von Menschen weder eingeatmet noch verschluckt werden darf und somit unter sicherem Verschluss gehalten werden muss. Zunächst sollte man sich eine fachlich gesicherte Diagnose erstellen lassen. Daraufhin kann man sich von einem Fachman die Handhabung des Heilmittels genau erklären lassen. Resistenzen gegen Formalin sind aber nicht ausgeschlossen

Bandwürmer

Hierbei handelt es sich um Endoparasiten (endo = innen, innerhalb), also Parasiten, die im Körper des Wirtes leben. Fische können

Zwischen- oder Endwirt in den verschiedenen Entwicklungsstufen sein. In den Stufen ihrer Entwicklung parasitieren sie im Darm als wurmförmige Larve und können zum Beispiel mit Tubifex eingeschleppt werden. Ihr kleiner Kopf ist mit Hilfe von Sauggruben oder Hakenkränzen in der Darmwand verankert bzw. verkapselt. Normalerweise können die Fische mit diesen Würmern leben. Wenn es aber zu einem Massenbefall kommt, kann der Fisch zwar nach wie vor Nahrung aufnehmen, gewinnt aber weder an Größe noch an Umfang, weil die Würmer ihre Nahrung dann in entsprechender Menge aufnehmen und den Organen nur wenige der benötigten Nährstoffe übrig lassen.

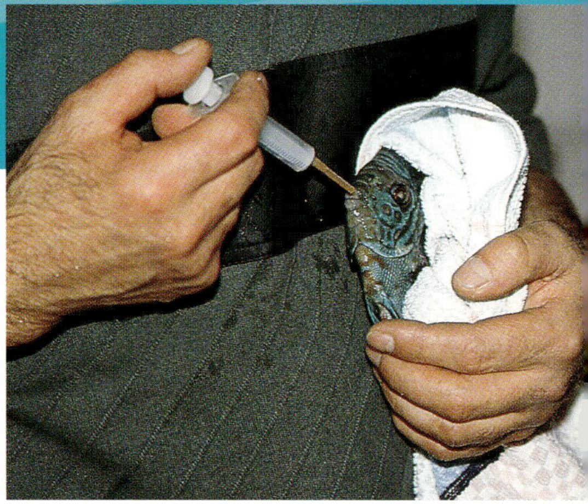

Metronidazol kann einem kranken Diskus direkt ins Maul gegeben werden.

Zur Bekämpfung wird der Wirkstoff Praziquantel empfohlen, der unter das Futter gemischt wird. Halten Sie sich genau an die Dosierungsvorschriften.

INFO

Skalare als Gesellschaftsfische?

Im Darm vieler Fische findet man Darmflagellaten, Krankheitserreger. Sie verursachen aber normalerweise keine Erkrankung, weil sie bei gesunden, kräftigen Tieren keinen Schaden anrichten können und so den Fisch in seinem gesundheitlichen Zustand belassen. Wie aber Fische und Flagellaten miteinander „auskommen", das Gleichgewicht zwischen Wirt und Parasit, ob Fische erkranken oder nicht, muss von Art zu Art unterschiedlich bewertet werden. Skalare sind manchmal von Flagellaten befallen, die ihnen nichts anhaben, Diskusfische aber schädigen können. Es muss also jeder Halter entscheiden, ob er zu seinen Diskusfischen Skalare setzen und das Risiko einer Flagellatenerkrankung eingehen will.

Darmflagellaten

Über diese parasitäre Erkrankung und die daraus auch schon vermutete „Lochkrankheit" ist in der Diskusliteratur schon viel geschrieben und auch gerätselt worden. Entsprechend unterschiedlich in der Empfehlung waren die Therapievorschläge. Darmerkrankungen können (nicht nur bei Diskusfischen) auf verschiedene Ursachen zurückzuführen sein. Krankhafte Störungen zeigen sich oft als Darmentzündung mit angeschwollenem Hinterleib, geröteter oder vorgewölbter Analpartie wie auch schleimigen, weißlichen Ausscheidungen. Sofern man Darmflagellaten dafür verantwortlich macht, waren in der Vergangenheit Namen wie *Hexamita* (früher *Octomitus*) und *Spironucleus* in aller Munde. Zumindest *Hexamita* kann wohl nicht als Verursacher der Lochkrankheit verantwortlich gemacht werden. Unsicher ist auch, ob dies für *Spironucleus* gelten kann. Bei beiden handelt es sich um sogenannte Schwächeparasiten, deren Arten *H. salmonis*,

Skalare können Krankheitsüberträger sein.

S. elegans und *S. symphysodonis* nur schwer voneinander zu unterscheiden sind. Man trifft sie hauptsächlich in der Gallenblase wie im Enddarm an.

Lochkrankheit

Die Lochkrankheit, früher stets mit den genannten Flagellaten in Verbindung gebracht, ist nicht primär auf den Befall mit Darmparasiten zurückzuführen. Man hat auch in parasitenfreien Diskusfisch-Beständen Kopflöcher angetroffen. Die Ursachen sind heute nach wie vor unklar. Beispielsweise können die Löcher am Kopf auch auf Tuberkulose oder einen Mangel an bestimmten Mineralien und Vitaminen (Kalzium, Phosphor, Vitamin C) zurückzuführen sein. Häufig geht mit der Lochkrankheit der Austritt von schleimigen, weißen und fädigen Ausscheidungen einher, der den Tieren am Darmausgang längere Zeit anhängt. Es handelt sich dabei um abgeschilferte Darmzellen und ist ein Zeichen dafür, dass die Fische nicht fressen. Allerdings sind diese Ausscheidungen kein spezifisches Symptom und können die verschiedensten Ursachen haben. Eine eindeutige Diagnose vor jeglicher Behandlung tut also Not.
Da die Fische nicht fressen, nehmen sie sichtbar ab. Sie sondern sich von ihren Schwarmmitgliedern ab und verfärben sich mehr und mehr in Richtung schwarz. Wichtig ist jetzt, den Fischen über das Futter einen kräftigen gemischten Vitaminzusatz beizufügen. Als unterstützende Maßnahme hat sich das Vermischen des Nahrungsbreies (jedesmal frisch vor dem Verfüttern!) mit Kalzium erwiesen.

METRONIDAZOL Der Wirkstoff Metronidazol ist in verschiedenen Medikamenten enthalten. Man erhält die pulverförmige Rezeptursubstanz in Apotheken. Lassen Sie sich die Dosierung für ein Langzeitbad von einem Experten genau erklären. Das Langzeitbad soll 3 bis 4 Tage andauern. Daraufhin wird der Rest der Substanz über Kohle aus dem Wasser filtriert. Profizüchter, denen es auf schnelle und möglichst direkte Wirkung ankommt, kneten das Pulver in den aufgetauten Futterbrei, oder sie bringen es direkt in die Magen-/Darm-Passage, indem sie das Medikament als Lösung dem Patienten hinter den Kiemen ins Maul spritzen.

Diskusseuche

In der letzten Zeit haben viele Diskus-Aquarianer immer wieder diese oder ähnliche Beobachtungen gemacht: Neue Fische, zu einer bereits eingewöhnten Population von Diskusfischen ohne Kontrolle dazugesetzt, vertrugen die geänderten Bedingungen ausgezeichnet, aber die Alteingesessenen, von den Neuen offenbar infiziert, erkrankten, färbten sich langsam dunkler und dunkler, schwammen mit leicht aufwärts gerichtetem Kopf und trüben Augen umher und verloren, nach anfänglicher Schleimhautverdickung, diese so stark, dass sich das Aquarienwasser eintrübte.
Ohne Eingriff von Seiten des Pflegers starben die Fische nach mehreren Tagen.
Diskusseuche – in Amerika auch Diskus-AIDS – wird diese Krankheit genannt, deren Ursachen noch unbekannt sind und deren Behandlung ebenfalls problematisch ist.
Hier, wie auch für alle anderen Fälle soll noch einmal deutlich gesagt werden: Vorbeugen ist besser als Heilen. Und Vorbeugen heißt: Strikt auf Sauberkeit und die Einhaltung der Wasserwerte achten, artgerecht füttern und jeden Neuzugang unbedingt zunächst unter Quarantäne stellen.

SOLUTIONFINDER

KRANKHEITEN ERKENNEN

SYMPTOME	URSACHE	ABHILFE
Fische spreizen Kiemen ab und/oder hängen hechelnd unterhalb des Wasserspiegels	**falsche Wasserwerte, v.a. Sauerstoffmangel**	Werte überprüfen
		Teilwasserwechsel, evtl. Filter reinigen
		mehr Pflanzen einsetzen
	Befall mit Kiemenwürmern	Kiemenabstrich zur sichern Diagnose
		Formalin-, Flubendazolbad
Löcher in der Kopfregion	**Lochkrankheit, evtl. auf TB zurückzuführen**	Ernährung und Haltungsbedingungen überprüfen
		Vitamin- und Mineralzusätze geben
		Metronidazol-Behandlung
Weißer, grießkornartiger Belag	**Ichthyo**	Eindeutige Diagnose
		Medikamente aus dem Zoofachhandel nach Anweisung
Gelblich- schleimiger Kot	**Band- oder Fadenwurmbefall**	Kotuntersuchung
		Pranziquantel-Behandlung
	bakterielle Infektion	Antibiotikabehandlung

Eine Kunst für sich

Kommt es in einem Gesellschaftsaquarium zur Fortpflanzung von Diskusfischen, so sind das in den seltensten Fällen Wildfangtiere, die dem Pfleger solchen Jungfischsegen bescheren. Eher lassen sich Nachzuchttiere, die bereits an ein Leben im Aquarium angepasst sind, bei gutem Aquarienmilieu zur Nachzucht animieren.
Diskusfische weniger zufällig, sondern ganz bewusst zur Fortpflanzung zu bringen, setzt schon einige besondere Kenntnisse voraus. Angefangen mit der Zusammenstellung der Zuchtpaare über die besonderen Anforderungen an die Wasserqualität, die Entwicklung der Brut und die Aufzucht der Jungfische: Erst im Verlaufe mehrerer kompletter Zuchten lernt der Pfleger viele Kleinigkeiten kennen und erkennen, an die er als „normaler Aquarianer" nie gedacht hätte. Als ich kürzlich einen langjährigen Züchter besuchte, der zu dieser Zeit mit besonders großflächigen Tieren seine Zucht betreibt, erklärte er mir die besonderen Umstände, denen auch er sich gegenüber sah, als mehrere seiner Paare ziemlich gleichzeitig Bruten von mehr als 550 Jungen hervorbrachten. Zugegeben, man kann immer einmal überrascht werden von der Gunst, die einem die Natur schenkt, aber wenn man über Nacht mehrere Tausend Jungfische zu betreuen hat, sollte man nicht unvorbereitet sein.

Züchtererfahrungen

Als früherer Nachbar des inzwischen verstorbenen „Diskus-Papstes" Dr. Eduard Schmidt-Focke lernte ich schon Mitte der 1960er Jahre dessen Zuchtaquarien kennen. Er betrieb die Diskuszucht nicht in erster Linie des Geldes wegen, sondern entwickelte aus natürlichen Wildfangformen bestimmte Varianten, wie sie nach seinen Vorstellungen sein sollten und gönnte seinen Zuchtpaaren aus diesem Grund relativ große Becken von durchschnittlich 350 Litern Wasserinhalt. Viele Züchter kommen heute mit der Hälfte des Wasservolumens aus. Der Grund für die Möglichkeit einer solcher Reduzierung um mehr als die Hälfte liegt sicher auch an den neueren Techniken, die für jedermann, der es möchte, auch ohne Quellwasser verbesserte Wasserverhältnisse schafft.

EINE BÖSE ÜBERRASCHUNG Wenn zwei das gleiche tun, so ist das noch nicht dasselbe! Da auch ich in meinen damaligen Aquarien

Zufallszuchten im Gesellschaftsaquarium sind eher selten.

vermeintlich über dasselbe Taunuswasser zu verfügen glaubte, wie es der genannte Doktor hatte, erlebte ich eines Tages eine plötzliche ungeliebte Überraschung, als meine Fische schon während und erst recht nach einem Teilwasserwechsel stark zu schaukeln begannen und in einem Aquarium nebenan einige Schmerlen regelrechte Loopings schwammen. Im Vertrauen auf gleichbleibende Wasserqualität aus der Leitung war ich sorglos geworden und hatte auf den mir bekannten Wert von 7,2 pH und einer Gesamthärte zwischen 2 und 4 °dG vertraut, wie ich sie seit Jahren kannte. Als diese „Unfälle" passierten und ich mich von den meisten Fischen früher oder später „verabschieden" musste, machte ich sofort Wassertests und stellte allein bei der pH-Messung einen Wert über 9 fest.

Der einzige Einrichtungsgegenstand in einem Zuchtbecken ist der Laichkegel.

Sofort rief ich das Wasserwerk an und ließ mich mit dem zuständigen Herrn verbinden. „Ja, das neue Verbundnetz . . . „, so klärte er mich auf. Nun ist aber trotzdem ein pH-Wert in dieser Höhe aus der Hauswasserleitung für meine Begriffe ungewöhnlich. Eine weitere Erklärung aber bekam ich nicht. Was kann man daraus lernen? Kontrollieren und sich nicht auf Aussagen oder Erkenntnisse von gestern verlassen!
Zurück zu den Zuchtaquarien: Wie man lesen konnte, ist die Größe eines Zuchtaquariums dann nicht so wichtig (die kleinsten, die ich von einem erfolgreichen Züchter kenne, fassen rund 125 Liter Wasser), wenn eine stets gleichbleibende, optimale Wasserqualität gesichert ist. Reine Zuchtaquarien werden aus bereits erwähnten Gründen grundsätzlich ohne Bodengrund betrieben. So können überschüssiges Futter und Exkremente täglich leicht und damit effektiv abgesaugt werden oder finden (je nach Bauform des Aquariums) auch direkt ihren Weg in den Filtereinlauf.

Das Zuchtaquarium

Pflanzen sind in einem solchen Aquarium nicht nötig; im natürlichen Lebensraum der Fische fehlen sie fast immer.
Der Laichkegel – oft eine umgestülpte, tönerne Grabvase – ist normalerweise der einzige Fremdkörper in einem Zuchtaquarium. Er wird von den Fischen gern als Substrat angenommen, an das die Weibchen ihr Gelege heften. Man kann aber auch Rohre aus Hart-PVC auf eine Platte des gleichen Materials kleben und erhält so eine aufrecht stehende Säule, die von den Tieren ebenso akzeptiert wird. In ihrem natürlichen Lebensraum ist die Fortpflanzung wohl nie aus der Perspektive beobachtet worden, aus der man sie im Aquarium anschauen kann. In einem derart mäßig eingerichteten Becken bleibt den Fischen keine andere Beschäftigung als beengt herumzuschwimmen, Nahrung aufzunehmen, zu schlafen und sich fortzupflanzen. Eine ausgedehnte Partnerwahl fehlt ihnen ebenso. Erst die Aufzucht der Brut lässt den Tieren Raum, ihr Verhaltensrepertoir zum Teil auszuleben – bis sie wieder von ihren Nachkommen getrennt werden.

Das Nachzüchten von Wildfängen erfordert einige Erfahrung.

Elternfamilie – Vater und Mutter kümmern sich gemeinsam um die Nachkommen.

Wie sich Paare finden

Normalerweise sollte man der Natur und damit der natürlichen Wahl der Tiere ihren Vortritt lassen. Das wäre dann der Fall, wenn man eine Gruppe nicht verwandter Jungfische heranzieht, beobachtet und schließlich feststellt, dass sich zwei Tiere zueinander hingezogen fühlen. Warum sollen die Fische nicht miteinander verwandt sein? Eine Fortpflanzung verwandter Partner ist bei Fischen ebenso unangebracht wie bei uns Menschen, schließlich sollen die fremden Gene für eine genetische Vielfalt in einer Population sorgen. Die sogenannte Inzucht, die viele Anfänger ohne zu überlegen betreiben, mag in den ersten beiden Generationen noch ansehnliche, fortpflanzungsfähige (fertile) und scheinbar auch fortpflanzungswürdige Ergebnisse bringen. Die Nachkommen degenerieren aber immer mehr und nehmen anstatt der gewünschten hohen Körperform eine eher gestreckte Form mit spitz zulaufendem Kopf an. Sie bleiben zudem auch in der Größe zurück.

Degeneration vermeiden
Will man den Zuchtstamm trotzdem erhalten, so ist es unbedingt nötig, frisches fremdes Blut einzukreuzen. Dabei ist dann allerdings zu berücksichtigen, dass die fremden Gene auch die Zuchtlinie (Farbe und Musterung) durchkreuzen. Natürlich gibt es züchterische Ausnahmen, wenn bestimmte Erwartungen an das Zuchtergebnis gestellt werden, zum Beispiel bei der sogenannten Rückkreuzung (Vater mit Tochter oder Mutter mit Sohn). Das aber sollten wir an dieser Stelle aus den Hinweisen heraushalten.

Harmonische Partner
Harmonie zwischen den Partnern soll die Devise lauten. Ohne Harmonie kann der Akt der Fortpflanzung, hier die Befruchtung der Eier, keine optimalen Ergebnisse bringen. Es kommt dann möglicherweise zu vielen unbefruchteten Eiern. Manchmal muss der Züchter auch das in Kauf nehmen, denn er kann nicht immer eine Anpaarung der Tiere nach dem Grad ihrer gegenseitigen Sympathie durchführen. Will er zum Beispiel ein Männchen der einen Farbform mit einem Weibchen der anderen verpaaren, so kann er nicht abwarten, bis die Tiere Sympathie erkennen lassen. Sie werden einfach zusammengesetzt, und der Züchter wartet ab, ob sich eine Harmonie einstellt, was in vielen Fällen nach einer gewissen Übergangs- bzw. Gewöhnungsphase eintritt. Ob dann die erwartete Fortpflanzung wie gewünscht – nämlich mit hoher Produktionsrate – eintritt, hängt in erster Linie von der Größe, dem

Zur Zucht gehört auch die Auswahl eines gut harmonisierenden Paares.

TIPP

Zuchtplanung beginnt beim Einkauf
Man soll bereits beim Kauf der Tiere darauf achten, dass Jungtiere, von denen man eines Tages Nachkommen erhofft, nicht miteinander verwandt sind und sie aus unterschiedlichen Zuchten stammen. Auf diese Weise vermeidet man schon beim Kauf die später oft nicht gleich erkennbaren Folgen der Inzucht.

Was bleibt in einem kahlen Zuchtbecken anderes zu tun als sich fortzupflanzen?

körperlichen Zustand und vor allem der Ernährung des Weibchens sowie von der Qualität des Wassers ab.

AUSLESEZUCHT Zum Erzielen bestimmter Farb- oder Musterungskomponenten ist das nötig, was wir Aquarianer unter Hoch- oder Auslesezucht verstehen: Ein langwieriger Prozess, der sich über Jahre hinziehen kann und an dem immer nur die Tiere teilhaben können, die dem angestrebten Ziel so nahe wie möglich kommen. Alle Zuchtvorstellungen, die über ein Gesellschaftsaquarium im Wohnzimmer hinausgehen, sollen besonders gut überlegt werden. Sie erfordern eine Zuchtanlage, die nicht nur mit einem hohen persönlichen Zeitaufwand, sondern auch mit einem nicht unerheblichen Kapitaleinsatz verbunden ist.

Natürliches Fortpflanzungsverhalten

Um sich fortzupflanzen, legen die meisten Fischweibchen Eier, die von den Männchen befruchtet werden. Nun gibt es Arten mit unterschiedlichem Fortpflanzungsverhalten, wie es auch Fische mit unterschiedlichem Brutverhalten, entsprechend hohen Eizahlen und unterschiedlich langen Entwicklungszeiten gibt.
Diskusfische gehören zu den Substratbrütern, bei denen Mutter und Vater gemeinsam das Brutgeschäft betreiben. Man spricht deshalb bei ihnen von einer Elternfamilie. Die Zahl der abgegebenen Eier kann erheblich schwanken und je nach Größe, Alter und körperlichem Zustand des Weibchens zwischen

Symphisodon aequifasciatus – **Wildfangpaar aus dem Río Maués-Açú im System des Río Madeira.**

60 und (im Extremfall) 600 Eiern liegen. Um einen optimalen und damit auch zahlenmäßig hohen Zuchterfolg zu gewährleisten, müssen sich die Zuchttiere, wie erwähnt, in besten körperlichen Zustand befinden. Dazu gehört neben ausgezeichneter Wasserqualität

eine Nahrung, die den Fischen ebenso schmeckt wie bekommt. Außerdem müssen die Tiere parasitenfrei sein.

Außenbedingungen

Ist dieser Zustand erreicht, und die Tiere sind nach 9 bis 12 Monaten geschlechtsreif geworden, so werden sie früher oder später damit beginnen, sich um die Fortpflanzung zu bemühen. Diese Reife ist von der Art der Pflege und einer damit verbundenen, häufiger als einmal täglichen Fütterung abhängig. Das Einsetzen des Fortpflanzungstriebes beginnt damit, dass sich beide Tiere an einer bestimmten Stelle des Substrats einen Laichplatz ausgesucht haben, den sie nun hingebungsvoll putzen und von allerlei grobem Schmutz, von Algen und anderen, dem Substrat anhaftenden Verunreinigungen säubert. Das dauert seine Zeit.

Die Zuchttemperatur des Wassers liegt nun bei 30 °C oder leicht darüber. Es besteht für den Züchter kein Grund, hierin bereits eine Gefahr für eine zu starke Erwärmung zu sehen. Bei den vielen Wasserproben, die ich (allerdings meist zur Niedrigwasserzeit und somit außerhalb der Laichzeit) in Amazoniens Diskusbiotopen genommen habe, lag die Wassertemperatur häufig noch mehr oder weniger weit darüber (zwischen 20 und 32 °C).

FARBSIGNALE Wildfangexemplare wie die Tiere von *Symphysodon aequifasciatus* zeigen zuweilen, wenn viele erwachsene gleichgeschlechtliche Tiere beisammen sind, ein besonderes Farb- und Zeichnungsmuster. Es dient einerseits dem Einhalten der Rangordnung, wird aber auch bei Revier- oder Standortstreitigkeiten, etwa in Verbindung mit plötzlichem kurzem Vorwärtsschießen, als

Drohgebärde eingesetzt. Bei einem harmonisch zusammenlebenden Paar bleibt die jeweilige Normalfärbung erhalten. Gemessen an dem stürmischen Paarungsverhalten anderer Zierfischarten bleiben die Diskusfische durchweg ruhig und eher bedächtig.

Eiabgabe und Befruchtung

Der Zeitpunkt des Ablaichens hat nach meinen, wie auch nach Feststellungen vieler Züchter, mit der Wetterlage zu tun, bei der die meisten Weibchen direkt nach einem Teilwasserwechsel oder auch einem aufkommenden Tiefdruck, also Regenwetter, mit dem Ablaichen beginnen, dem sofort die Befruchtung durch das Männchen folgt. Eine Signalgebung geschieht auch innerhalb des Paares, wobei das Männchen durch vibrierendes Flossenschlagen in der hinteren Körperhälfte („Rütteln") und der sich nun dunkler färbenden Schwanzflosse die genannten Aktivitäten auslöst. Zumindest ist das bei Wildfangtieren so.

Die Eltern haben den Vorteil der Tonvase oder eines ähnlichen Substrats erkannt. Die Tonwand ist zwar gegenüber dem Holz einer Wurzel relativ glatt, aber leichter zu reinigen und andererseits bietet sie zunächst den Eiern, die zur besseren Haftung von einem Schleimring umgeben sind, und später auch den Larven, wenn sie nach einigen Tagen schlüpfen, einen immer noch guten Halt.

INFO

Gelege kontrollieren

Nur klare Eier sind gute Eier! Das erkennen die pflegenden Diskus-Eltern offenbar genau. Wer sich als Pfleger selber davon überzeugen möchte, der sollte den Kegel vorsichtig (!) so drehen, dass die meist an der Hinterseite angehefteten Eier gut sichtbar werden (eine Lupe hilft!). Sind undurchsichtige Eier von außen glatt und zeigen keine Pilzfäden, so sind sie nicht verpilzt. Etwas anderes hat stattgefunden: Sie sind koaguliert. Darunter versteht man das Gerinnen (Ausflocken) des Eiweißes. Oft geschieht dies auf Grund schlechter Wasserqualität.

Verpilzte Eier können dem ganzen Gelege gefährlich werden. Darum achten bereits die Fischeltern darauf, sortieren befallene Eier aus und fressen sie auf. Tun dies die Fische nicht, müssen Sie als Pfleger diese Aufgabe sehr vorsichtig mit einer Pinzette übernehmen.

Brutpflege

Zunächst einmal haben die Eltern jetzt die Aufgabe, den Eiern das notwendige Frischwasser und damit Sauerstoff zuzufächeln. Dabei wechseln sich die Partner ab und meist sieht man ein Elterntier bei dieser Arbeit, wobei es jedes einzelne Ei genau im Visier hat, um festzustellen, ob das Laichkorn sich auch „ordnungsgemäß" entwickelt. Bald schon erkennt man, welches Ei sich hell färbt und damit verloren ist. Bei unerfahrenen Tieren kann jetzt es jetzt kommen, dass sie ihr ganzes Gelege fressen. Das sogenannte Eierfressen ist aber wohl in erster Linie eine Frage unzureichender Ernährung. Vitaminzugaben helfen da nur bedingt! Vor allem scheint es die Wasserqualität zu sein, die außerdem zum Eierfressen beiträgt. In solchen Fällen

Ein Weibchen der asiatischen Zuchtform Red Marlboro kontrolliert sein Gelege.

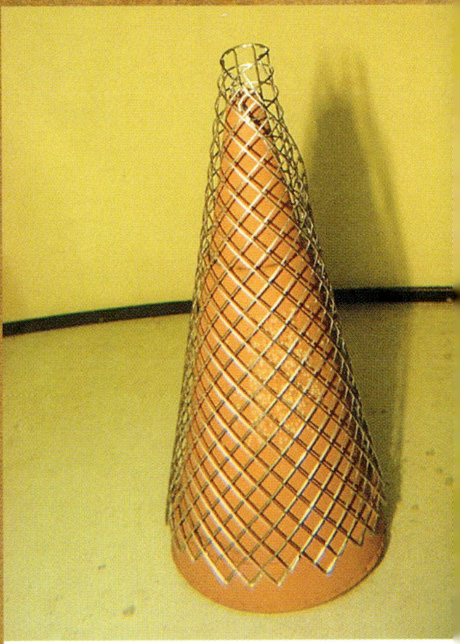

Ein solcher Drahtmantel kann die Eier vor dem Gefressenwerden schützen.

Diskuseltern kümmern sich aufopferungsvoll um die Larven.

INFO

Streifenfehler

Die in der Literatur in letzter Zeit zuweilen angeprangerten Streifenfehler (Y-Bildung) bei nachgezogenen Symphysodon aequifasciatus - die aber auch bei Wildfangtieren zu beobachten sind – sollen dem Vernehmen nach bereits im Larvenstadium ausgebildet werden. Sie treten vor allem dann auf, wenn die fortpflanzungsbiologischen Voraussetzungen in der Ionen-Zusammensetzung des Wassers während der Entwicklung nicht ideal waren. Dies ist vorerst noch eine Hypothese, die sich bei Wildfangtieren vielleicht damit erklären läßt, dass die Gewässer Amazoniens durch die Goldsuchertätigkeiten mit Quecksilber angereichert sind.

soll man Wert darauf legen, dass das Zuchtwasser so weich wie möglich ist und zudem einen pH-Wert zwischen 6,2 und 5,0 oder noch etwas darunter aufweist.
Es kann aber auch Tiere geben, die man als „notorische Eierfresser" bezeichnen muss. Sie sollte man aus dem Zuchtprozess ausschließen. Es konnten aber auch schon

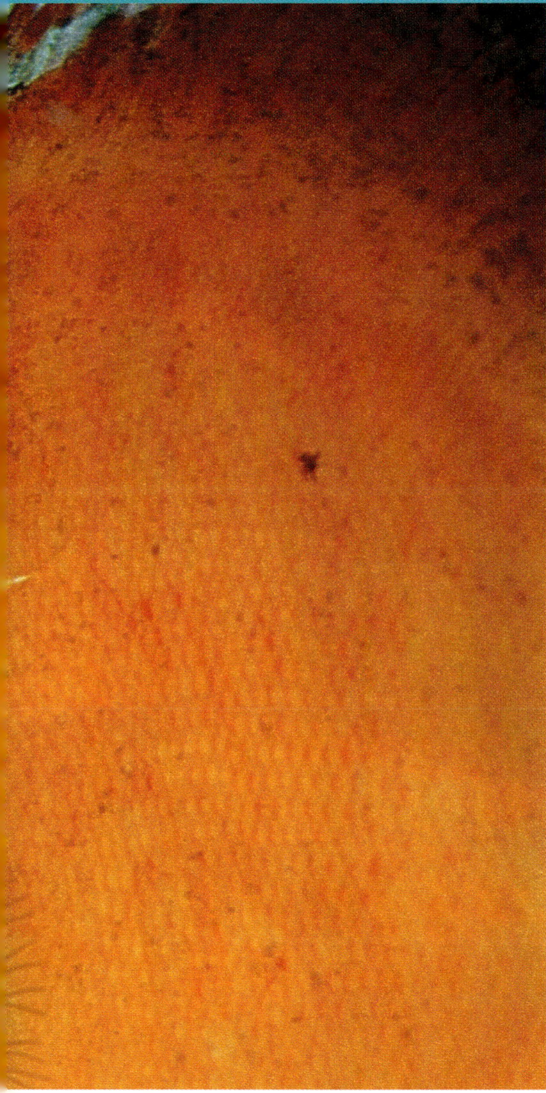

Züchter gute Erfolge melden, wenn sie das Gelege direkt nach der Befruchtung vorbeugend mit einem „Anti-Fressgitter" schützten (Foto S. 107). Je nach persönlicher Geschicklichkeit kann man ein solches Gitter entweder aus rostfreiem Draht zusammenbauen oder dazu auch feinen, beschichteten Maschendraht verwenden. Der Wasserdurchtritt muss gewährleistet sein, aber die Alttiere dürfen nicht mehr an die Eier herankommen, um sie zu fressen.

Entwicklung der Eier

Die auf den Laichkegel oder einem anderen harten Untergrund abgegebenen Eier sind von einem Schleimring umgeben. Die Elterntiere fächeln dem Gelege abwechselnd mit den Brustflossen sauerstoffreiches Wasser zu.

Bei einer Temperatur zwischen 28 und 30 °C entwickeln sich die Eier über mehrere Stufen, und nach rund 60 Stunden befreien sich die Larven aus der Eihülle, wobei die Elterntiere oft behilflich sind. Anfangs tragen sie noch einen Dottersack mit sich, der aber bald schon aufgezehrt ist. Um sich am Substrat festzuheften, sind die Nachkommen mit drei Paar Haftdrüsen am Kopf ausgestattet. Für die Eltern heißt es jetzt, doppelt stark auf ihre Kinder aufzupassen, denn die zappelnden Nachkommen wedeln mit dem Körper oft so stark, dass sie sich vom Substrat losreißen und zu Boden sinken. Gibt es hier zu viel unüberschaubaren Bodengrund oder auch Mulm, so werden sie von den Alttieren übersehen und die Larven sind dann meist verloren, bevor sie überhaupt richtig schwimmen konnten.

Das häufige „Wedeln" der Larven hat seinen Grund: Bis die Atmungsorgane – also die Kiemen – voll ausgebildet sind, dienen Blutkapillaren im unteren Schwanzflossensaum als Atmungshilfsorgane. Durch die Körperbewegung wird ihnen ständig sauerstoffreiches Wasser zugeführt. Während der weiteren Entwicklung als Larve bilden sich die Flossen heran, und bald ist die Zeit des Freischwimmens gekommen.

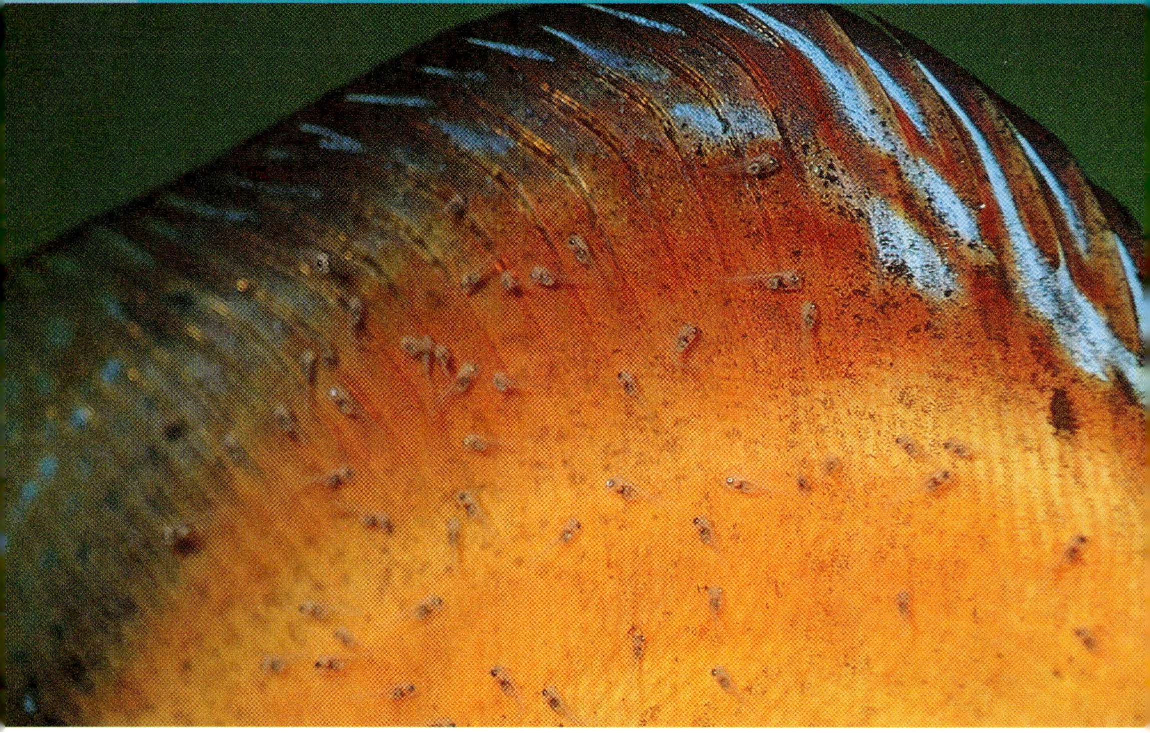

Die erste Nahrung der Jungen besteht aus dem Nährschleim, den die Elterntiere absondern.

Ernährung der Jungfische

Erste Ernährungsphase

In der Zwischenzeit hat sich bei den Eltern in den obersten Zellschichten der Oberhaut ein wuchernder Nährschleim abgesondert, von dem die nun frei schwimmenden Kleinen sich in den ersten Tagen ihres jungen Lebens ernähren, indem sie ihn mit Hilfe einer bereits vorhandenen, larvalen Bezahnung abweiden. Weil diese Art der auch bei einigen anderen Buntbarschen praktizierten Jungfischernährung an die Ernährung der Nachkommen bei Säugetieren (Milchdrüsen) erinnert, hat man Diskusfische zuweilen auch als „Säugefische" bezeichnet und ihren Hautschleim „Diskusmilch" genannt (was in strenger Auslegung natürlich nicht stimmt!). Wie bei den Säugetieren ist auch die erste Futterstelle am Körper der Eltern für die Jungfische eine Nahrungsquelle, an der Kraftfutter und gleichzeitig auch Wirkstoffe zur Immunisierung verabreicht werden. Je nach Zahl des Kindersegens versiegt diese Quelle früher oder später, und den Eltern wird die Knabberei an ihren Körperseiten unangenehm, so dass sie sich zuweilen flach auf den Boden legen, um der Belästigung zu entgehen. Jetzt ist es höchste Zeit, mit der zweiten Phase der Ernährung zu beginnen.

Ein Männchen der asiatischen Zuchtform Fire Red führt die Jungfische.

Zweite Ernährungsphase

Gelegentlich erfährt man, dass es einigen Züchtern Schwierigkeiten bereitet hat, die Ernährung der Jungfische vom speziellen Nährschleim der Eltern auf das Folgefutter, die normale Kost kleiner Jungfische – in diesem wie in den meisten Fällen – *Artemia salina*, den Nauplien oder Larven der kleinen Salz- oder Salinenkrebschen, umzustellen. Salinenkrebse leben in den salzigen Binnengewässern vieler Erdteile. Wir beziehen sie hauptsächlich aus den USA (San Francisco Bay, Mono Lake, Salt Lake). Ihre sogenannten Zysten („Eier") sind Dauerformen, in denen die bereits fertig entwickelten, aber noch nicht aktiven Embryonen enthalten sind. Sie sind im Handel zu erwerben und können in einer normalen Wasserflasche mit einem Zusatz aus jodfreiem Kochsalz (30 g für eine 0,7 l-Flasche) bei etwa 25 °C Wassertemperatur erbrütet werden. Bei dieser Wasserwärme kann man bis zum Schlupf der Nauplien einen Zeitraum von zwei Tagen annehmen. Eine besondere Beleuchtung des Zuchtplatzes ist nicht erforderlich. Damit alles reibungslos funktioniert, kann man dazu ein sogenanntes Kulturgerät anschaffen (Zeichnung S. 83), das es für wenig Geld ebenfalls zu kaufen gibt.

Die Entnahme der geschlüpften Larven ist einfach: Man stellt die Luft ab, worauf sich die Larven am Boden sammeln und die

Junger Blaukopf-Heckel

nun leeren Eihüllen zur Oberfläche streben. Durch Umsetzen des Luftschlauchs entsteht ein Überdruck, durch den die Krebschen durch das lange Rohr vom Boden her ausgespült werden. Die leeren Hüllen sollen keinesfalls den Weg ins Aquarium finden.

Futtertiere

Die Salinenkrebslarven haben nur einen beschränkten Nährwert und müssten, um nicht nach etwa drei Tagen an Hunger zu Grunde zu gehen, ihrerseits gefüttert werden. Man setzt also nur soviel Zysten an, wie an Larven während dieses Zeitraumes von den Jungfischen verzehrt werden. Nach Gebrauch ist die Zuchtflasche gründlich zu spülen, bevor ein neuer Ansatz erfolgt.Natürlich ist es auch möglich, die Krebslarven ihrerseits zu ernähren. Man überführt sie zu diesem Zweck in ein Kleinaquarium mit ebenso salzigem Wasser, aber weniger bzw. nur schwacher Wasserbewegung. Zur weiteren Ernährung bietet der Handel auch ein spezielles Futter für die Nauplien an: „Liquizell", ein fein zerkleinertes Phytoplankton, kann etwa zwei Tage nach dem Schlupf gereicht werden und wird bis etwa dem zehnten Lebenstag verfüttert. Danach füttert man „Mikrozell" an die nun weiter herangewachsenen Krebse.

Lässt die Produktion des Nährschleims bei den Eltern nach, so sollten zunächst vorsichtig die ersten Krebslarven verfüttert werden. Bei den Jungen erwacht der Jagdtrieb, dem neuen, beweglichen Futter nachzuschwimmen, um es zu erbeuten und zu verzehren.

Verschiedene Jungfischtypen im Aufzuchtaquarium.

Dabei sollen die Jungfische den ganzen Tag über „im Futter stehen", wie man das in der Züchtersprache nennt. Bis die „Sonne" untergeht, muss diese Nahrung jedoch verzehrt sein.

Erwachsen werden

Haben die Jungfische eine Größe von zwei bis drei Zentimetern erreicht, kann man sie von den Eltern trennen und vorsichtig in ein anderes, größeres Aquarium umsetzen. In diesem Becken sollte das Wasser auf Dauer nicht mehr so sehr weich und auch nicht mehr so sauer sein, wie es im Zuchtaquarium der Fall war. Das etwas „normalere" Wasser enthält mehr Nährstoffe, die – wenngleich nur im übertragenen Sinne – auch den Jungfischen zugute kommen. Jetzt kann die Krebsnahrung zügig, aber ebenfalls vorsichtig, gegen Erwachsenenkost ausgetauscht werden. Im größeren Aquarium von 100 bis 120 cm Länge haben die Diskus-Nachkommen den Schwimmraum, den sie für ihre ganze weitere Entwicklung brauchen. Vor den Jungfischen liegt nun der größte Wachstumsschub, und sie erhalten mit dem Nahrungsbrei eine neue Kost, von der sie sich bei anfänglich zwei- bis dreimaliger Fütterung ernähren. Sie kann dann noch durch „Lieblingshappen" wie Enchytraeen, Schwarze Mückenlarven usw. ergänzt werden, die für eine gute Zuwachsrate sorgt. So bleiben die Heranwachsenden gut genährt und bei ständiger Wasserkontrolle (weiterhin ist Nitratarmut angesagt!) so lange in diesem Aquarium, bis sie ihr weiterer Weg auch aus diesem Becken in einen neuen Lebensraum führt.

Deutsche Nachzucht des Farbschlages Rottürkis.

Zuchten aus Europa und den USA

Die meisten Diskuszüchter werden ihr Hauptaugenmerk wohl auf die Vermehrung ihrer Pfleglinge legen, nicht aber auf die Entwicklung neuer Formen. Darin muss man einen Unterschied in den weltweiten Fortpflanzungspraktiken der Diskuszüchter sehen. Die bloße Vermehrung wurde hier in den vorausgegangenen Abschnitten behandelt. Mit der Entwicklung von Wildfangtieren, wie sie einige Züchter auch heute noch betreiben, fing ursprünglich alles an. Wir kennen sie von Dr. Schmidt-Focke und anderen, die sich züchterisch bemühten, bestimmte selbstgewählte Zuchtziele zu erreichen, indem sie jahre-, ja jahrzehntelang über verschiedene Zwischenstationen zunächst die eine, und später daraus die andere Zuchtform entwickelten.

Langjähriges Geduldsspiel

Ich erinnere mich: Zunächst war ein Züchter froh, wenn er beispielsweise herrliche Wildfangtiere der Form „Royal Blue" bekam, wie ich sie in den Seen am unteren Rio Manacapurú fand. Andere haben es versucht und geschafft, aus der normalen blauen Form, wie sie vorzugsweise im Río Purús angetroffen wird, und Tieren der grünen Variante aus dem Río Tefé Zuchtformen wie „Türkisdiskus", „Kobaltblau" oder „Flächigblau" zu entwickeln. Ich sah und fotografierte sie zum ersten Mal bei Pfarrer Rolf Schulten, der zu jener Zeit einen stark beachteten Ruf als Züchter hatte. Davon angeregt erwarb ich

Männchen der Zuchtform Flächigtürkis

Männchen der blaugrünen Zuchtform Rottürkis.

damals einige halbwüchsige Importtiere aus der US-amerikanischen Zucht eines gewissen Jack Wattlay in Fort Lauderdale (Florida), die als „Wattleys Türkis-Diskus“ in die Diskus-Geschichte eingingen. Ich kaufte sie Frau Elke Grohm (heute „Tagis Tropical Marin“) ab, die sie importiert hatte, und zog sie zu prächtigen Zuchttieren heran. So reihte sich eine Neuzüchtung an die andere, das Ziel blieb im Grunde immer dasselbe: Die Farbe Rot bei den Fischen zu intensivieren. Dr. Schmitt-Focke, von Beruf Gynäkologe, setzte all seine Kenntnis über die Fortpflanzung daran und schaffte zunächst herrliche Tiere des Farbschlages „Rottürkis“, aus denen dann andere ähnliche Formen (wie der „Perldiskus“ von Homann) weiterentwickelt wurden. Dazu trugen dann auch neu entdeckte natürliche rote Farbschläge bei. Erinnert sei an die Einführung von Tieren mit der Bezeichnung „Alenquer“.

Zuchten aus Südost- und Ostasien

Mehr und mehr traten nun die Asiaten in Erscheinung und wem ihre Beharrlichkeit bewusst ist weiß, was sie zu leisten imstande sind. Nun darf man wohl mit Recht behaupten, dass alle Diskuszüchter sowie die übrigen Aquarianer allgemein auch als Naturliebhaber angesprochen werden können. Sie warten bei den Verpaarungen und deren Zuchtergebnissen auf eine natürliche Mutation (lat. mutatio), also auf eine erbliche sprunghafte Veränderung und damit eine Abweichung vom äußeren Erscheinungsbild. Da aber die Asiaten seit vielen Jahrzehnten (wenn nicht Jahrhunderten) Fische künstlich durch Mutagene (Stoffe oder energiereiche Strahlung, die Mutationen auslösen können) verändert haben, muss es wohl nicht allein

Halbadulte Tiere der asiatischen Zuchtform Marlboro Red

Asiatische Zuchtform Red Snake Skin

als Hypothese angesehen werden, wenn wir davon ausgehen, dass ihnen mit der Einführung der Zuchtform „Pigeon Blood" ein „züchterischer Quantensprung" geglückt ist, von dem auch heute viele europäische und amerikanische Züchter ihre roten Formen ableiten.
Ob nun asiatische Züchter geduldiger im Erreichen von Zielen sind, muss dahingestellt bleiben, aber auch ihre Zuchten können sich sehen lassen. Denken wir nur an Formen wie „Ghost", „Snake skin", „Blue Diamond", „Pearl", „Blood Pearl", „Red spotted Green", „Red Spotted Jewel", „Marlboro Red", „Tangerine Red", „Sky Blue" oder wie sie alle heißen mögen. Namen wie diese sind nicht alles, und viele neue Formen verschwinden nach anfänglichem Erscheinen schließlich wieder in der Versenkung. Dazu kommen noch die verschiedenen Namenlosen. Bei ihnen handelt es sich um zum Teil wunderschöne, oft aber auch verwunderliche Einzelexemplare, wie sie bei Versuchszuchten ausfallen und auf preiskrönenden Ausstellungen gezeigt werden. Oft hat ein Züchter von dieser Form nicht einmal zwei gleichwertige Tiere, verkauft ein solches aber trotzdem zuweilen zu horrenden Preisen. Der Käufer versucht nun, über Rückkreuzung hinter das Geheimnis dieser Form zu kommen, um vielleicht eines Tages mehr Tiere dieses schönen Typs zu erhalten.

Zuchtpraxis in Asien

Zu all dem muss gesagt werden, dass die Beschaffung des Zuchtwassers, dem Hauptfaktor für ein Gelingen einer Zucht, in den meisten Ländern Südostasiens das geringste Problem ist. Die Härtewerte liegen durchweg um 1,0 °dG und auch der Nitratwert bewegt sich trotz der Bevölkerungsdichte (größere Ortschaften ausgenommen) im Bereich zwischen 4 und 8 mg/l. Ebenso ist es mit der elektrischen Leitfähigkeit, deren Wert (größe-

Asiatische Zuchtform Blue Snake Skin

re Ortschaften ausgenommen) sich zwischen 40 und 80 µS/cm bewegt. Zudem ist es dauernd warm und kühlt nachts nicht sonderlich ab, so dass eine Aquarienheizung sich erübrigt und die Aquarienanlagen zum Teil im Freien aufgestellt werden können, was dann wiederum einen häufigen Wasseraustausch sehr erleichtert. In Hongkong, wo die Nächte zuweilen recht kühl werden können, sah ich Aquarien, unter deren Böden man in einer Ecke ein Stück Asbestfaserplatte geklebt hatte. Nach dem Warum befragt, antwortete mir der Züchter, dass er da notfalls eine kleine Lampe oder Kerze oder eine Heizvorrichtung nach Art eines Bunsenbrenners darunterstellt. Probleme mit einer brav zählenden Wasseruhr, nach deren Zahlen dann auch noch ein Abwasserpreis errechnet wird, kennt man dort nicht.

FÜTTERUNGSPRAXIS „Wie füttern asiatische Züchter ihre Fische?“, werden Sie vielleicht fragen. Sie fressen dort ein ähnliches Futter, wie wir es hier tiefgekühlt kaufen können – denn es kommt von dort. Viele Züchter und Exporteure haben sich auch miteinander verbundene Teiche oder Gräben angelegt, in denen Rote Mückenlarven und Tubifex leben, die dann für den Export oder auch Eigenbedarf herangezogen werden. Schwarze Mückenlarven konnten sich in Betonwannen entwickeln, die sich unter den Freiland-Hühnerbatterien befanden. Diese Stechmücken brauchen Blut zur Entwicklung ihrer Eier, und ihre Larven leben von dem Hühnerdung, der dem Wasser in den Wannen von oben zugeführt wird. Ein einfacher Kreislauf möchte man meinen – nur möchte ich weder das Hühnerfleich noch die Eier dieser total zerstochenen Vögel essen müssen. Inzwischen gibt es aber bei den Asiaten auch vielfach ein selbstzubereitetes Futter, das dem Nährbrei ähnelt, den unsere Züchter verwenden.

Bildnachweis

Alle Bilder in diesem Buch stammen vom Autor mit Ausnahmen von:
S. 21, 23, 33, 37, 43, 47, 63, 81, 91, 98: Frank Hecker
S. 58: Juniors Bildarchiv
S. 96/97: Burkard Kahl
S. 30, 68/69, 75, 93: Dr. Rudolf König
S. 4/5, 18/19, 72/73, 78, 84/85: Reinhard Tierfoto
S. 29, 31 beide, 60 beide, 83, 88 alle drei: Christof Salata / Kosmos

Illustrationen
S. 76 aus Engelhard „Was lebt in Tümpel, Bach und Weiher",
S. 83 von Zora Davidovic

Alle Angaben in diesem Buch sind sorgfältig geprüft und geben den neuesten Wissensstand bei der Veröffentlichung wieder. Da sich das Wissen aber laufend weiterentwickelt und vergrößert, muß jeder Anwender selbst prüfen, ob die Angaben nicht durch neuere Erkenntnisse überholt sind. Dazu muß er z. B. bei Behandlungsvorschlägen den Tierarzt konsultieren, Beipackzettel zu Medikamenten lesen, Gebrauchsanweisungen und Gesetze befolgen.

Impressum

Umschlaggestaltung eStudio Calamar unter Verwendung von vier Farbaufnahmen von Burkard Kahl (U1 großes Motiv und kleines Motiv unten), Juniors Bildarchiv (U1 kleines Motiv oben) und Reinhard Tierfoto (U4)

Mit 132 Farbfotos und 9 sw-Illustrationen

Bibliographische Information der Deutschen Nationalbibliothek
Die Deutsche Nationalbibliothek verzeichnet diese Publikation in der Deutschen Nationalbibliografie; detaillierte bibliografische Daten sind im Internet über http://dnb.ddb.de abrufbar.

ISBN 978-3-440-08217-1
Redaktion: Claudia Sträb
Gestaltungskonzept: eStudio Calamar, Friedhelm Steinen-Broo
Gestaltung und Satz: Guido Schlaich, München
Produktion: Kirsten Raue / Markus Schärtlein
Printed in The Czech Republic / Imprimé en République tchèque

ZUM WEITERLESEN

BÜCHER

Beck, P.: Aquarienpflanzen Grundkurs. Stuttgart, 2000.

Dreyer, S. und R. Keppler: Das Kosmos-Buch der Aquaristik. Stuttgart, 1993.

Hirsch, H.: Diskusfische – Arten, Haltung, Pflege. Niedernhausen, 1996.

Kahl, W., Kahl, B. und D. Vogt: Kosmos-Atlas Aquarienfische. Stuttgart, 1997.

Kölle, Dr. P.: Fischkrankheiten. Stuttgart, 2001.

Mayland, H.J.: Diskusfieber. Hannover, 1988

Mayland, H.J.: Diskusfische – Könige Amazoniens. Hannover, 1992.

Mayland, H.J.: Praxis Diskusaquarium. Hannover, 1995.

ZEITSCHRIFTEN

Aquaristik aktuell,
Dähne, Ettlingen.

Aquarium heute, Aquadocumenta Verlag, Bielefeld.

Das Aquarium, Verlag Birgit Schmettkamp, Bornheim.

DATZ, Verlag Eugen Ulmer, Stuttgart.

Diskus-Brief, Verlag Maria Köhler, Augsburg.

ADRESSEN

VDA-Geschäftsstelle
Hans Stiller
Luxemburger Str. 16
44789 Bochum
Info@vda-online.de

VDA-Beratungsstelle
für Aquariengestaltung
Jürgen Grobe
Postfach 1944
30954 Hemmingen

VDA Fischkrankheiten
Dieter Untergasser
Schloss-Str. 34
64720 Michelstadt

Gesellschaft für
Aquarienkunde e.V.
Freizeithaus Waldhof
Revierpark Vonderort
Bottroper Str. 322
46117 Oberhausen

Diskus-Austria
Obmann Johann Knuplesch
12.-Februar-Str. 52
A-8770 St. Michael
diskus-austria@gmx.de

Kontaktadressen EATA
(European Aquaristic and Terraristic Association)

Deutschland – VDA
Horst Linke
Grubenberg 7
95131 Schwarzenbach am Wald

Joachim D. Matthies
Colonaden 70
20354 Hamburg

Elisabeth Müller
Fridtjof-Nansen-Str. 46
50226 Frechen

Frankreich – FFAAT
Dominique Gillet &
Jacques Montereaua
8, Impasse Marette du Guillerval
89000 Evry

Frankreich – FAF
Claude Vast
1, rue Foucaud
87000 Limoges

J.J. Lorrin
136 A, Boulevard de Dijon
10800 St. Julien Les Villas

Österreich – ÖVVÖ
Karl Kolar
Herrenberggasse 6
A-3434 Tulbing

Richard Pfister
Langenlebarner Str. 50
A-3430 Tulln

Franz Scherleitner
Raiffeisengasse 19
A-7201 Neudörfl

Belgien – BBAT
Fons Ooms
Beningstraat 10
2230 Herselt

Ludo Segal
Basselierstraat 30
2100 Deurne

Fischgesundheitsdienste (FGD)
Fischcare
Dr. Sandra Lechleiter
Forststr. 180
D-70193 Stuttgart

Staatl. Veterinär- und
Lebensmitteluntersuchungsamt
Ringstr. 1030
D-15239 Frankfurt/Oder

Staatl. Fischseuchenbekämpfungsdienst und FGD
Eintrachtweg 17
D-30173 Hannover

FGD im Staatl. Untersuchungsamt
Marburger Str. 54
D-35396 Gießen

Landesveterinär- und Lebensmitteluntersuchungsamt, FGD
Haferbreiter Weg 132-135
D-39576 Stendal

FGD
Heinsbergerstr. 53
D-57399 Kirchhunden-Albaum

FGD am Landesveterinäruntersuchungsamt
Blächerstr. 34
D-56073 Koblenz

FGD am Staatl. Tierärztl.
Untersuchungsamt
Azenbergstr. 16
D-70174 Stuttgart

Institut für Zoologie, Fischereibiologie und Fischkrankheiten
LMU München
Kaulbachstr. 37
D-80539 München

INTERNET

www.aquanet.de
www.aqualink.de
www.vda-online.de
www.diskusbrief.org